学生・新社会人のための
情報リテラシー入門

文系理系を超えてデジタル社会を生き抜く
基本スキルが身に付く実践的ガイドブック

大間 哲●著

本書で解説する「課題」ファイルや推奨プロンプトは下記ページから
ダウンロードできます。

https://cutt.jp/books/978-4-87783-554-5

カバー画像および本文中の挿絵は、ChatGPT 経由 Dall-E3 および
Microsoft Designer で生成したものを使用しています。

- 本書の内容についてのご意見、ご質問は、お名前、ご連絡先を明記のうえ、小社出版
  部宛文書（郵送または E-mail）でお送りください。
- 電話によるお問い合わせはお受けできません。
- 本書の解説範囲を越える内容のご質問や、本書の内容と無関係なご質問にはお答えで
  きません。
- 匿名のフリーメールアドレスからのお問い合わせには返信しかねます。

本書で取り上げられているシステム名／製品名は、一般に開発各社の登録商標／商品
名です。本書では、™ および ® マークは明記していません。本書に掲載されている団体／
商品に対して、その商標権を侵害する意図は一切ありません。本書で紹介している
URL や各サイトの内容は変更される場合があります。

はじめに

　この本は、「パソコンが得意で、バリバリ使える」というような人向けではありません。苦手意識を持つ人や、まだあまり使ったことがない人に向けた本です。理工系や情報系でない、文系の人やプログラミングは不得意という人が、パソコンやネットを**日常の道具として**使えるようになるための、基本的な知識とスキルを身につけることを目的としています。

　ですから、専門的な解説は避けて、たとえ話などを交えながら、できるだけ平易な表現を用いて書いています。正確で詳細な説明や、ソフトウェアの細かい使い方などは、本書の範囲ではなく、専門書やマニュアル本にお任せ、という本です。

　皆さんが、情報リテラシー（情報を扱うための知識やスキル）を学ぶ理由の多くは、「仕事や学業で、コンピュータを使いたいから」ではないでしょうか。その中には「パソコンは苦手」とか「あまり触ったことがない」と感じている方も多いかもしれません。実際、私が教えている情報処理のクラスも「パソコンは苦手です」と言う学生が多く履修しに来ます。

　しかし、情報技術の専門家ではない方こそ、今まさに情報リテラシーを学ぶ必要があります。専門家は情報技術そのものを追求することが求められますが、皆さんは「自分の目的を達成するため」に、パソコンを**道具として**今すぐにでも使えなくてはならないからです。

　この本の目的は、操作方法を暗記することではありません。技術は日進月歩で進化し、覚えた操作もすぐ変わることもあります。そのため、特定の操作方法よりも「パソコンやネットを使って何ができるのか」を知ることが大切です。できる事を知ってやりたい事が明確になれば、具体的な方法はその都度ネットなどで調べれば問題ありません。

　たとえるなら、自動車の運転と似ています。日常の移動や家族を乗せるために車を運転したい人が、教習所で最低限の運転技術を学ぶようなものです。

iii

そういう人にとって、車の整備の知識やレース技術は必要ありませんが、安全に運転するための基本技術は欠かせません。

　同じように、この本は「情報界のレーシングドライバー」ではなく、「日常の運転者」である皆さんが、パソコンやネットを、身の回りの文房具やスマホと同じような**日常の道具として**使いこなすための最初の一歩の手助けをするものです。

この本の対象読者

　この本は、スマホをある程度使えるが、パソコンにはほとんど触れたことがないというような方を対象にしています。SNSやネット検索などはしたことはあるものの、新入学や就職を機にパソコンやネットの基本を学びたいと考えている方に役立つ内容です。

　一方で、スマホもほとんど使ったことがなく、「アイコン」や「アプリ」といった基本用語の意味がわからない方は、まずはパソコン教室などで基礎を体験してから本書を読むことをおすすめします。

この本の使い方

　本書の目的は、パソコンやネットを使って「何ができるのか」を知ることです。読み物として気軽に本文を読み進めるだけで、基本的な知識が身につくように構成されています。読後に、「そういえば、こんな言葉を見たな」と思える程度でも問題ありません。各章には練習問題を付けてありますので、自習書として取り組むことも可能です。

　細かい操作方法や専門的な情報は、必要に応じてコラムや注釈、参考サイトを掲載していますので、それらを活用して、さらに理解を深めてください。巻末に基本用語集も付けてありますので、参照してください。

※本書では、できるだけ一般的な情報リテラシーを扱っていますが、機種やソフトウェアに依存する内容については、Microsoft Windows 11とMicrosoft Office 2024 および Microsoft 365 を基準に記述しています。これは、大学や企業で初めて触れるパソコンの多くが Windows であるためです。

ただし、必要に応じて Mac などについても言及しています（詳しくは、第 1 章のコラム「Windows 以外のパソコンの選択肢？」を参照してください）。

※第 3 章～第 5 章では、Microsoft Word、Excel、PowerPoint の基本的な機能や操作方法について説明します。本書では最新の Microsoft Office 2024、Microsoft 365 を例に解説していますが、Office 2019 や 2021 でも、基本的な機能や操作方法に大きな違いはないため、同じように活用できます。

　Microsoft Office 2024 では、いくつかの機能強化やインターフェースの変更が行われていますが、基本的な操作性は従来のバージョンと共通です。また、2025 年 1 月現在で Microsoft 365 も基本機能に大きな変化はありませんが、一部の機能で AI との連携が強化されています。これについては、第 7 章の後半で詳しく解説します。

はじめに iii

第 1 章 デジタルリテラシーと情報活用　　1

1.1 デジタルリテラシーとは 2
1.2 パソコン操作の基本 4
1.3 効果的なネット検索 8
1.4 コンピュータの基本的な構造 14
1.5 インターネットの基礎 21
1.6 デジタルセキュリティとプライバシー 25
1.7 情報の引用と活用 29
1.8 信頼できる情報源の見分け方 32

第 2 章 オンラインコミュニケーションの基礎　　45

2.1 ビジネスメールの基本 46
2.2 礼儀正しいコミュニケーションとネットエチケット 55
2.3 オンライン会議とプレゼンテーションのツール 58

第 3 章 文書作成と管理の基本　　67

3.1 Microsoft Word の基本操作 68
3.2 文書作成のテクニックとスタイル 78
3.3 効果的な文書管理の方法 94

第 4 章 スプレッドシートの使い方　　103

4.1 Excel の基礎 104
4.2 データ入力と基本的な計算方法 114
4.3 グラフとチャートの作成 126

第5章　プレゼンテーションソフトウェアの活用　135

5.1　PowerPoint の基本..........................136

5.2　魅力的なスライドのデザイン方法................144

5.3　ビジュアルコンテンツの活用....................147

5.4　効果的なプレゼンテーションのテクニック........150

第6章　グラフィックデザインとビジュアルツール　153

6.1　Canva を使ったビジュアルコンテンツの作成.......154

6.2　基本的な画像編集とレイアウトの技術............159

6.3　Web ベースのデザインツールの利用.............162

6.4　基本的な映像編集の技術.....................163

第7章　生成 AI の利用　169

7.1　生成 AI の基本と応用........................170

7.2　他の AI ツールとの統合.......................180

7.3　Microsoft の Windows や Office の AI 機能.........183

7.4　生成 AI の今後について.......................186

第8章　データ収集とアンケート作成　191

8.1　Google Forms の基本.........................192

8.2　アンケートの設計と実施方法...................196

8.3　データ分析の基本...........................198

第9章　プロジェクト・マネジメントと管理ツール　201

9.1　プロジェクト・マネジメントの基礎..............202

9.2　チームでのコミュニケーションの重要性..........204

9.3　プロジェクト管理の専門ツールの簡単な紹介.......205

第10章　ケーススタディのプロジェクトによる演習　211

10.1　学んだスキルの実践.........................212

10.2　プロジェクトの実施の演習....................215

終わりに 222

付録 225

付録 A　補助単位と切りのよい数字. 226
付録 B　情報リテラシー基本用語集. 231

索引 244

第 1 章

デジタルリテラシー と情報活用

　この章では、情報リテラシーを知るにあたって必要となる、「デジタルリテラシーって何？」ということから、コンピュータやインターネットの基本的な概念、そして、ネット上で必要な情報を見つけるためのネット検索の知識などの、基礎的なことを学びます。

　初めての人にはわかりにくい部分もあると思うので、例え話なども加えて、なるべく簡単な表現でお伝えします。

　ネット検索については、従来の検索方法だけでなく、AIによる効果的な検索のやり方についてもお話しています。

1.1 デジタルリテラシーとは

　私たちが日常的に触れているコンピュータやスマートフォン、インターネットを便利に活用するためには、情報を適切に理解し、活用する力が必要です。これを「デジタルリテラシー」といいます。

　デジタルリテラシーとは、単にコンピュータの操作方法を知ることではなく、**情報を正しく取捨選択し、活用する能力**のことです。例えば、インターネット上の情報が信頼できるかを判断することや、適切な検索方法を使いこなすこともデジタルリテラシーの一部です。専門的な技術を学ぶことよりも、情報を上手に扱うための基本的な考え方を身につけることが重要です。

さまざまな○○リテラシー

　そもそも「リテラシー」とはなんでしょうか。「デジタルリテラシー」「IT（ICT）リテラシー」「ネットリテラシー」……etc。○○リテラシーという言葉があふれていますし、この本のタイトルも「情報リテラシー」という言葉を使っています。「リテラシー」という言葉は、もともとは「読み書きの能力」あるいは「識字能力」を意味する言葉です。そこから転じて、現在では「その分野に関する十分な知識や情報を収集し、かつ有効活用できる能力」のことを意味する表現（新語時事用語辞典）となっています。つまり、「情報リテラシー」は、情報に対する知識やそれを有効活用する能力のことです。

表1-1●さまざまな「○○リテラシー」

用語	主な焦点	範囲
情報リテラシー	情報の検索・評価・活用	情報全般
ネットリテラシー	インターネット上の行動	SNSやオンライン活動
コンピュータリテラシー	コンピュータの基本操作・活用	ハードウェア・ソフトウェア
デジタルリテラシー	デジタル技術全般の理解・活用	情報リテラシーやコンピュータリテラシーを含む
メディアリテラシー	メディア情報を批判的に読み解き活用する能力	テレビ、新聞、ネットなどのマスメディア

ICTリテラシー	ICT（情報通信技術）を活用した問題解決能力	ネットワークやデジタルツールの操作全般
AIリテラシー	AIの仕組みと活用方法の理解、倫理的な利用	機械学習やAIの社会的影響
プライバシーリテラシー	個人情報を守り、安全に情報を扱う能力	SNSやクラウドサービスでのプライバシー管理
データリテラシー	データの理解・分析・結論導出	ビジネスや研究のデータ分析
サイバーリテラシー	サイバー空間での安全な行動とセキュリティの知識	サイバーセキュリティ全般

- メディアリテラシーは、情報リテラシーと重なる部分が多いですが、特に「マスメディア」が焦点です。
- ICTリテラシーは、技術的な活用能力全般を指し、通信技術やオンラインサービスの操作も含まれます。
- AIリテラシーやデータリテラシーは、近年のデジタル社会で特に重要視される新しいリテラシーの概念です。
- サイバーリテラシーとプライバシーリテラシーは、インターネットやデジタル空間での安全性や倫理が重点となっています。

　この章では、本書の本来の目的である「情報リテラシー」と、コンピュータリテラシーやネットリテラシーも加えて、少し広い範囲のデジタルリテラシーについて基本的なことを見ていきます。

「IT」？「ICT」？「IoT」？

　情報技術を表す言葉は、基本的にはITですが、最近はICTやIoTといった言葉も使われます。まずITは、インフォメーションテクノロジー（Information Technology）で、そのまま情報技術のことです。一般にはコンピュータやインターネットを利用して情報を収集、処理、送信、保存する技術全般のことで、具体的には、データ管理、ソフトウェア開発、ネットワーク構築など、私たちの生活や仕事を支える基盤的な技術を意味します。

　ICT（インフォメーション・コミュニケーション・テクノロジー、Information and Communication Technology）は、ITに通信も含めて、情報

1.1　デジタルリテラシーとは 3

技術と通信技術を組み合わせることで、遠隔会議、オンライン教育、SNS なども含めた技術やサービスを示します。主に教育・医療・公共サービスなどの場では ICT を使うことが多いです。さらに、IoT（Internet of Things）は、「モノのインターネット」と訳され、従来インターネットに接続されていなかった「モノ」がネットワークに繋がる技術を指します。例えば、スマート家電、ウェアラブルデバイス、自動運転車などが IoT に含まれます。これにより、生活や産業の効率が大幅に向上しています。

1.2 パソコン操作の基本

　この節では、パソコン（Personal Computer = PC）を使うために、キーボード、画面（ディスプレイ）、マウス、トラックパッド（またはタッチパッド）といった基本的な機器や部分を紹介し、それぞれの使い方を説明します。

◆パソコンの基本的な機器や操作用語

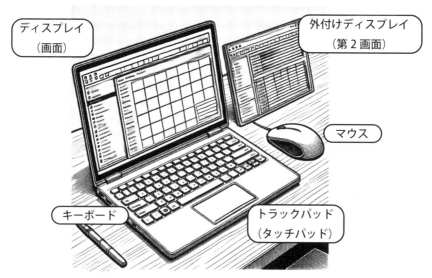

図1-1●パソコンの各部

キーボード

　キーボードは、文字や数字を入力するための装置です。キーにはアルファ
ベット26文字と数字や「+-!?&%……」といったような、よく使う記号など
が印字されています。キーを叩くことで、その文字や数字を入力できます。
また、日本語を入力するには、一般的にローマ字で入力し、日本語に変換し
ます[1]。キーボードには、実際にキーがある物理的なものの他に、タブレッ
トなどで使われる、画面上に表示されるソフトキーボードもあります。

　キーボードは、手元を見ないで打つ「タッチタイプ」ができるようになる
と素早く入力ができるようになります。10本の指が使えるので、慣れれば、
スマホのフリック入力などよりはるかに速く入力できます。タッチタイプの
練習用の無料のWebサイト[2]などもあるので、早めにタッチタイプを習得
してしまうことをお勧めします。早く上達するためには、タオルなどを手の
上に掛けて、キーボードごと隠して練習するのも良いでしょう。

　また、キーボードを使う時には、ショートカットキー（例：「Ctrl」キーと「C」
キーを同時に押す「Ctrl + C」でコピー、「Ctrl + V」でペーストなど。コラム
参照）を活用すると効率的な操作が可能なので、基本的なショートカットも、
早いうちに覚えてしまいましょう。

覚えておきたいショートカットキー

　パソコンを操作するのに最低限覚えておきたい基本的なショートカットキー
には、次のようなものがあります。

- **Ctrl + C：**コピー
- **Ctrl + X：**カット（切り取り）
- **Ctrl + V：**ペースト（貼り付け）

※1　「ローマ字入力」といいます。その他に、かな文字を直接入力する「かな入力」や、親指
と他のキーを同時に押すことで素早く入力できる「親指シフト」という入力方法もあります。
興味がある方は、ネットで「かな入力」や「親指シフト」と検索をして、調べてみてください。

※2　「タッチタイプ　練習」などと検索をすると出てきます。有名なところでは、「寿司打」と
いうのがあります。また、初心者には「Easyタイピング」やキーの位置を覚える「A-Zタイピ
ング」などもあります。その他にもたくさんありまから、自分に合うものを見つけて練習して
ください。

1.2　パソコン操作の基本

- **Ctrl + Z**：元に戻す
- **Ctrl + A**：全選択
- **Ctrl + S**：保存
- **Alt + Tab**：開いているウィンドウの切り替え

なお、Mac の場合は、Ctrl キーの代わりに Command キーを使います。

画面（ディスプレイ）

　ディスプレイは、パソコンで行う操作や結果を表示する画面のことです。ノートパソコンでは本体の蓋部分に内蔵されたディスプレイが一般的ですが、本体が別になっているパソコン（デスクトップ型パソコン、タワー型パソコンなど）では、ディスプレイだけの装置（外付けディスプレイ）を使います。また、ノート型でも外付けディスプレイを別に繋いで 2 画面目にして、より多くの情報量を見ながら仕事をする場合もあります。

ディスプレイの選び方

　ノートパソコンや外付けのディスプレイを選ぶ際には、画面の解像度（例：Full HD や 4K）や明るさ（例：400 ニト、600 ニトなど）を確認しましょう。解像度は表示できる情報量や画像の鮮明さに影響しますし、明るさは特に屋外に出た時の見やすさに影響します。

　現在の主流のディスプレイは IPS 液晶というもので、比較的安価で斜めから見てもよく見え、明るさも充分あります。近年では、さらに映像が綺麗な OLED（有機 EL）のディスプレイも出てきました。有機 EL は色のコントラストが綺麗で、反応速度が速く、芸術的なものやゲームをするような人には向いている一方で、値段も比較的高く、耐久性にはまだ課題があり、電気の消費量も多いという欠点もあります。

カーソル

　カーソルは、画面上で「どこを操作するか」ということを示すための小さな矢印（マウスカーソル）や、文章を作るソフト（ワープロソフト）などで「ど

こを編集しているのか」を示す点滅する縦線のことです。マウスカーソルは、マウスやトラックパッド（タッチパッド）を操作することで、好きなところに動かすことができます。

マウス

マウスは、画面上のカーソル（マウスカーソル）を操作するための手元の装置です。以下のような基本操作があります。

- **クリック：**左ボタンを1回押して放す。アイコンの選択やメニューの開く操作に使います。
- **ダブルクリック：**左ボタンをすばやく2回押す。ファイルやアプリを開く際によく使います。
- **右クリック：**右ボタンを押してメニューを表示する操作。追加の機能やオプションを確認できます。（Macなどでボタンが1つしかないマウスの場合は、ボタンを長押しするとこの操作になることがあります）
- **ドラッグ＆ドロップ（ドラッグアンドドロップ）：**左ボタンを押したままマウスを動かし、目的の場所でボタンを離す。アイコンを移動させたり、ファイルなどを移動やコピーするような場合に使います。また、ある範囲を指定して選ぶような時にも使います。
- **スクロール：**画面の上下にはみ出して見えない部分を見るために、上や下に動かすこと。通常はウィンドウの右端に「スクロールバー」が出ているので、そのバーをドラッグ操作で上下に動かします。または、マウスの2つのボタンの間にあるホイールを回して、画面を上下に移動します。左右がはみ出している場合は、画面の下にスクロールバーが出る場合があります。

トラックパッド（タッチパッド）

ノートパソコンには、マウスの代わりにトラックパッドまたはタッチパッドが搭載されています。パッド部分を指で直接操作します。一部はスマホやタブレットの画面操作に似ていますが、マウスの代わりという位置づけなので、基本的に以下のような操作が行えます。

1.2　パソコン操作の基本

- **タップ**：マウスのクリックと同じ操作。
- **ダブルタップ**：マウスのダブルクリックと同じ操作。
- **スクロール**：2本指で上下または左右にスライドして画面を移動する。
- **ピンチイン・ピンチアウト**：2本指をつまむように動かして拡大・縮小を行います。

その他に、3本指や4本指で特殊なメニューや画面を出すといった特別の操作が定義されているパソコンもあり、使いこなすと便利です。

これら、パソコンの基本的な機器の操作を覚えると、日常的な作業がスムーズになります。また、基本的な用語はこの本でこの後も出てきますので、覚えてしまってください。

キーボードやマウス、トラックパッドは操作のために必要な部分です。道具として使えるように、自分のスタイルに合った操作方法を身につけましょう。慣れることで、効率的で快適なパソコン操作が可能になります。

1.3 効果的なネット検索

インターネットで必要な情報を探す際に、検索エンジン（検索サイト）を使いこなせるかどうかが重要です。検索エンジンには Google や Microsoft Bing、Yahoo などがありますが、どれを使っても基本的な検索方法は似ています。最近は、Google の Gemini（ジェミニ）や Microsoft Copilot（コパイロット）のように AI を利用した検索も一般化してきていますが、そのことは後述します。

◆ネット検索の基本

検索エンジンを使う際の最初のステップは、検索エンジンのサイトを開き、そこの検索ウィンドウ（検索したいキーワードを入れる部分）に検索したい言葉を入力することから始まります。このキーワード選びが検索結果の質を大きく左右します。

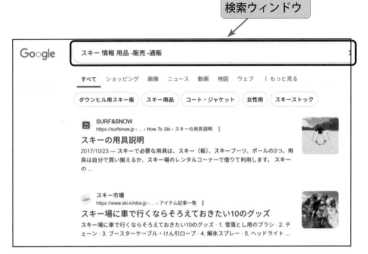

図1-2●Googleの検索画面の例

◆効果的なキーワードの選び方

　効果的なキーワード（検索ワード）を選ぶためには、検索したい内容を明確にし、それに関連する具体的な単語を選びます。例えば、「健康的な朝食のレシピ」を探している場合、「朝食」や「レシピ」だけでなく、「健康的」という形容詞を加えることで、より精度の高い結果を得られます。また、検索クエリに「最も人気のある」というような限定的な言葉を加えることで、より特定の情報に絞り込むことが可能です。「時短」「かんたん」、また「和食」「パン」といったキーワードもありえます。

◆検索結果の精度を上げる

　検索エンジンは多くのフィルター機能を提供しており、これらを利用することで検索結果をさらに絞り込むことができます。例えば、公開日、地域、ドキュメントタイプ（PDF、画像、ビデオなど）によるフィルタリングが可能です。また、マイナス記号を使って、自分の目的に関連性の低いワードを除外することも有効です。例えば、最新のスキー用品について知りたい時、「スキー　情報」だけだと、スキー場の積雪などの情報がメインに出てきますが、「スキー　情報　用品」とすれば、スキー用品の販売店での最新情報が多く出て

きます。さらに、検索結果に含めたくない言葉の前には「-」（半角のマイナス）を付けることで結果から除外できるので、「スキー　情報　用品　-販売　-通販」のように検索すると、販売店や通販の情報を除外したスキー用品関連の情報のみを表示できます。

　このように、検索ワードを入力する際の工夫一つで検索結果が変わってきます。例えば、「ラーメン」と検索すると、とにかくさまざまなラーメンの人気店の宣伝情報が多く並びます。そこで、「-人気」と入れると、たくさん出てくるいわゆる人気店の宣伝的情報は少なくなり、より広範囲の情報が見られることもあります。この本のタイトルである「リテラシー」という言葉も同様で、ほとんどが情報や IT 関連のリテラシーの話題が多いですから、情報系のリテラシー以外の技術や能力について知りたければ「リテラシー　-IT　-情報」などと入力してみると良いでしょう。

検索技術を上達させるために

　ネット（オンライン）検索が上手になるためには、練習と経験が必要です。異なるキーワードや検索オプション（多くの検索エンジンには、「画像だけ」とか「動画」といった情報の種類別や、その Web ページの更新日によって検索結果を絞り込むことができます。図 1-3 参照）を試しながら、どのような方法が最も有効かを学ぶことが重要です。また、検索結果がどれくらい自分が求めているものに近いかとか、あるいは正確なものだろうかといった評価能力を養うことで、信頼できる情報源を見分ける力も向上していきます。

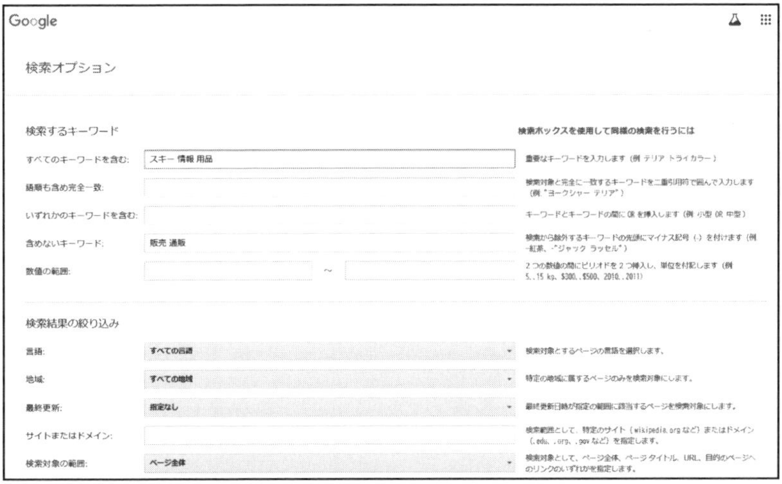

図1-3●Googleの詳細検索画面（検索画面で「ツール」→「詳細検索」で出せる）

　また、以下のような工夫をすると、より正確な情報にたどり着きやすくなります。

- **キーワードを適切に選ぶ**：検索ワードは短く、シンプルにする。（例：「エクセル 関数 使い方」）
- **不要な単語を除外する**：「-」を使って不要なキーワードを除外する。（例：「Windows -10」→Windowsに関する情報だが、Windows 10の情報を除外）
- **フレーズ検索を使う**：" " で囲むと、そのフレーズを正確に含むページを探せる。（例：「" インターネットの歴史 "」）
- **特定のサイト内を検索する**：site: を使うと、特定のウェブサイト内の情報を検索できる。（例：「AI 活用 site:example.com」）

　このようなテクニックを活用することで、不要な情報に惑わされず、必要な情報に素早くアクセスできます。

◆ AI の力を併用した検索

　近年、従来の検索エンジンに加え、AIを活用した検索が普及してきています。例えば、Microsoft 365 Copilot Chat（旧名 Microsoft Copilot、

1.3　効果的なネット検索　　　**11**

Bing Chat）※3 や、ChatGPT search（2024 年 10 月正式リリース、現在は ChatGPT の画面に統合）、Google Gemini の AI 検索などがその代表例です。これら AI を利用した検索は、従来の検索とはいくつかの点で異なります。そして、これからはそういった AI の力を併用した検索が主流になってくるでしょう。この節では、それについても見ていきます。なお、生成 AI そのものの利用については、第 7 章で詳しく説明します。

　従来の検索では、Bing や Google といった検索エンジンの検索ウィンドウにいくつかのキーワードを入力し、関連するウェブページのリストが表示されます。その後、ユーザーは自分でリンクをクリックして見比べ、自分が最も欲しい情報が出ているページを見つける必要がありました。

　一方、AI を利用した検索では、ユーザーは検索ワードを並べるのではなくて、自然言語による文で質問をします。例えば従来は「生成AI 検索 方法」などと検索ワードを並べていたものを、AI 検索では「AI 検索の効果的な方法を教えてください」といった感じに入力します。その質問に対して、AI はそれが出ている Web ページだけでなく、具体的な回答を提供します。例えば、質問に対する答えを要約したり、関連する情報を整理して提供したりもできます。これにより、ユーザーは必要な情報を迅速かつ効率的に得ることができます。

　また、AI による検索は会話の文脈（コンテキスト）を理解※4 し、連続した質問にも対応できます。これにより、ユーザーは一度の検索で複数の関連情報を得ることができ、より深く理解をすることができます。

　つまり、Copilot などの検索は、単なる情報の収集だけでなく、ユーザーとの対話を通じて、よりそのユーザーの質問に特化したサポートを提供するこ

　※3　Microsoft 社は、当初買い切り（一旦買ったらお金を払わなくて良い、Office 2024 や Office 2021 といったシリーズ）とは別に、毎年定額のお金を払う（サブスクリプション）365 というシリーズ名で出していました。そこに、生成 AI との統合の機能を Copilot と名付け、365 とのブランドの統一をしています。そのため、Microsoft 365 という Office 製品のシリーズの中に AI 機能を組み込んだ Microsoft 365 Copilot と、AI 対話機能部分の Microsoft 365 Copilot Chat というサービスが混在しています。2025 年 1 月現在、ブランド統一の最中なので、今後も名称は変更されるかもしれません。

　※4　厳密には、人間の脳のように「理解」しているわけではないのですが、入力された単語と単語の関係を文法的に分析し、最も的確である確率が高い文章を回答として生成します。

とを目指しています。単純な検索結果を羅列するものではなく、さまざまな作業をする「助手」の意味あいが強いので、「Copilot（副操縦士）」という名前が付けられているわけです。これが、従来の検索と生成 AI を併用した検索の大きな違いです。

　ここで、生成 AI でより良い検索結果を得るためのコツをいくつか紹介します。

（1）具体的で明確な質問をする

　具体的で明確な質問をすると、より的確な回答が得られます。例えば、「Excelのグラフ機能について」というような大まかな質問よりも、「○○の作業をしたいのだが、どのように Excel でグラフを作成したらよいか」を尋ねると、具体的な回答が得られます。（ここが従来の検索と大きく違うところで、従来の検索では、検索ワードやフレーズを短めに切るほうが効果的でしたが、AI検索では丁寧に書く方が良い結果が得られます。）

（2）文脈を伴った文章で質問をする

　質問の背景や目的を簡単に説明することで、より適切な回答を得ることができます。例えば、「東京　おすすめ　観光」というようなものより、「夏休みの旅行の計画を立てています。東京のおすすめ観光スポットは？」のように文脈（コンテキスト）を提供します。さらに、「ではこの時期に旅行するにあたっての天気の情報と、服装などについて教えてください」といった、対話による文脈を伴った質問にすると、より的確な回答が返ってきます。

（3）関連するキーワードを含める

　質問に関連するキーワードを含めることで、検索結果の精度が向上します。例えば、「健康に良い食事」ではなく、「健康に良い食事で作るのが簡単なレシピを 10 個くらい列挙してください」のように具体的なキーワードや、回答方法を文の中に追加します。

(4) 複数の質問を一度にしない

一度に複数の質問をすると、回答が分散してしまうことがあります。質問を分けて、一つずつ尋ねると良いでしょう。

(5) フィードバックを提供する

検索結果が期待通りでない場合は、フィードバックをすることで、次回以降の検索結果が改善される可能性があります。また、思った回答であった場合は「良いですね」などとフィードバックすることで、ユーザーが求めた回答であったとAIに認識されます[5]。

これらのコツを活用して、Copilot Chat や ChatGPT search など生成 AI を利用した検索をより効果的に行ってください。

上手にオンライン検索をする技術を身につけ、自分が必要な情報を的確に見つけるということは、情報がますます溢れるこれからの社会で必須のスキルです。この節で紹介した方法を使って、日常生活や学習の場や仕事での情報収集を、従来のネット検索よりも効率的に行いましょう。そして、その中で欲しい情報、正しい情報を見分け、有効活用していく能力を磨くことが必要です。次の節では、信頼できる情報源の見分け方について探っていきます。

1.4 コンピュータの基本的な構造

コンピュータ（パソコン以外のさまざまなコンピュータを含みます）は、私たちの日常生活に欠かせないツールとして、多様な形で存在しています。政府や大きな会社には、大型のコンピュータがありますし、逆にスマホもコンピュータです。家電や車も今やコンピュータ搭載のものが当たり前になってきています。ただ、非常に単純化していうなら、コンピュータの核となる部分は、データを処理する「CPU（Central Processing Unit ＝ 中央処理装置）」

※5 AIに感情があって、ほめると伸びるなどというわけではないのですが、求めていることに近い結果を得た場合は、「良かった」というフィードバックをすることで、その先さらにこちらが求める回答に近づけることができます。

14　　第1章　デジタルリテラシーと情報活用

とデータを保存する「メモリー」によって構成されていると言えます。CPU はコンピュータの「頭脳」とも言える部分で、計算や論理処理を担当します。一方、メモリーは一時的にデータを保存し、CPU がすぐにアクセスできるようにする、そろばんやメモのようなものです。このふたつが協力することで、文書作成から動画視聴、複雑な数学計算まで、幅広いタスクをこなすことができるコンピュータができあがっています。これは、銀行やデータセンターなどにあるような巨大なコンピュータも、普通のパソコンも、あるいはスマホのようなものでも基本的に同じ考え方で動いています。

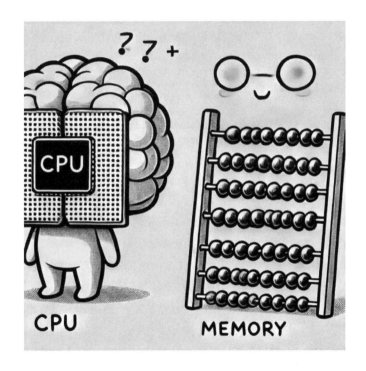

1.4 コンピュータの基本的な構造

コンピュータの頭脳、「CPU」？「GPU」？「NPU」？「APU」？

　本文の CPU（Central Processing Unit）やメモリーについての説明のところで、CPU は「頭脳」だと書きました。しかし、パソコンを買う時などに、パソコンのスペック表などを見ると、CPU 以外に GPU や NPU といた表記が見られることがあります。GPU は「Graphics Processing Unit」、NPU は「Neural Processing Unit」といい、それぞれ、画像や動画の計算など並列処理（同時並行でたくさんの計算を行う処理）に特化している頭脳と、人工知能（AI）や機械学習モデルを効率的に実行するための頭脳のことです。どちらも、CPU を補助する役割を持っています。

　なかには、CPU の中に GPU や NPU を含んで設計されているものもあり、会社によっては GPU と CPU を一つの「頭脳」に含んでいるものを APU（Accelerated Processing Unit）と呼んだりしています。また、一つの製品名でも型番が違うと性能が違ったりして、一概に把握しにくいものですが、ここでは、「CPU の他にも、補助的な頭脳があるのだ」というくらいに覚えておいてください。

◆処理結果のデータを保存する

　さて、メモリーという「そろばんやメモ」にあるデータを、CPU という「頭脳」で処理することはわかりましたが、メモリーはあくまで「一時的な」データを記憶しておく場所で、通常は電源をオフにするとメモリーに記憶されていたデータは消えてなくなってしまいます（※次のコラムを参照）。

　メモリーにあるデータを一時的にではなく永続的に保存するには、HDD（ハードディスクドライブ）や SSD（ソリッドステートドライブ）といったストレージ※6 デバイスを使用します。ストレージデバイスは、コンピュータが電源オフの状態でも情報を保持できるため、ユーザーが必要な時にいつでも情報を取り出すことができます。また、USB メモリーのように、いつでも持ち歩けるようなストレージデバイスもあれば、クラウドストレージのように、インターネット経由でネット上にデータを保存し、どこからでもアクセスできるようにするような仕組みもできあがっています。

※6　「データを保管しておく」ので、ストレージ（保管庫）と呼びます。

いろいろな「メモリー」

　この節では、CPU と「メモリー」について説明し、メモリーは電源をオフにするとデータが消えてしまう、と書きました。一方で、電源がオフになっていてもデータを保管しておける、ストレージデバイスにも「USB メモリー」というものが出てきました。

　実は、「メモリー」にはいくつかの種類があります。その中で大きく分けると、電源を切ると消えてしまうものと、電源を切っても消えないものの2種類があります。前者の電源 OFF でデータが消えてしまうものを「揮発性メモリー」、後者の電源 OFF でもデータが消えないものを「不揮発性メモリー」といいます。

　一般には、揮発性メモリーの方がデータの出し入れが速いので、頭脳であるCPU が計算をする途中で、そろばんのようにちょっと値をメモしておく場所として使われます。一般にメモリーといえばこちらです。パソコンを買いにいって、「16GB メモリー搭載」、とか「AI を使うなら 32GB くらいのメモリーを搭載しておいた方が」などという時に言われる「メモリー」のことで、「メインメモリー」とも呼ばれます。一方、ストレージデバイスも不揮発性メモリーを使っているので、こちらも「メモリー」であることに違いはありません。実は、ストレージデバイスは、初期のコンピュータでは、紙に穴を開けた紙テープや紙のカードが使われていました。その後、磁気で記録する磁気テープや磁気ディスク（フロッピーディスクとかハードディスク（HDD）はこちらの仲間です）が主流になりました。が、最近は半導体が安くなり、ストレージにも半導体が使われるようになってきました。これが SSD（ソリッドステートドライブ）で、「半導体ディスク」とも呼ばれます（もはや円盤の形をしていないので「ディスク」ではありませんが）。

　そのようなわけで、一口に「メモリー」と言っても、両方の種類があり、時には「そろばんやメモ」の部分であるメインメモリーを指したり、また、時にはデータの保管庫であるストレージのことを指すこともあるのです。

◆ファイルとフォルダ

　では、ストレージ上にはどのようにデータを保存するのでしょう。そこには、物理的には、電子や磁気の状態が ON になったり OFF になったりする非常に細かい仕組みがあって、ON が 1 で OFF が 0 という数字の羅列として記録し、読み書きします。しかし、それでは人間が読むことはできないので、

1.4　コンピュータの基本的な構造　　　　　　　　　　　　　　**17**

一般には「ファイル」と「フォルダ」という形で人間は認識します。

ストレージデバイスの「ファイル」と「フォルダ」の概念をわかりやすく説明するために、身近な例にたとえて説明すると、次のようになります。

（1）ファイル＝書類や写真のようなもの

ファイルは、データ（情報）のひとまとまりであり、文章、写真、音楽、動画など、特定の内容が保存されています。例えるならファイルは本棚に置かれた一冊の本や、書類棚にしまった一枚の書類のようなものです。

例「レポート .docx」= Word で作ったレポート
「旅行写真 .jpg」= 写真データ

（2）フォルダ＝書類をまとめるフォルダや引き出し

フォルダは、ファイルを整理するための入れ物で、複数のファイルや他のフォルダ（サブ・フォルダ）をまとめて保存できます。フォルダは、例えば引き出しや書類をまとめるクリアファイルのような役割を果たします。

例「旅行計画フォルダ」には、「旅程表 .docx」や「宿泊先情報 .pdf」などが入っている。

（3）ストレージデバイス＝本棚や引き出し全体

ストレージデバイスは、パソコンやスマホの中にある保存場所のことで、フォルダやファイルがその中に整理されています。ストレージデバイスは、オフィスの書類棚や家庭の本棚全体のようなものといえます。

例 パソコン内部に存在する HDD や SSD 内にある「C ドライブ」や USB メモリー、外付け HDD/SSD

図1-4●ファイルとフォルダの概念

　実生活では、書類をクリアフォルダの中に入れることもできますが、複数のクリアフォルダをさらに大きなクリアフォルダに入れることも可能です。コンピュータでもそのように、ストレージの中のフォルダの中にフォルダを重ねて入れることができます。それを「階層構造」と呼びます。フォルダに入っているフォルダは「下位フォルダ」「子フォルダ」「サブ・フォルダ」などと呼ばれます。それに対して、フォルダを入れている方のフォルダは「上位フォルダ」「親フォルダ」などと呼ばれます。

図1-5●フォルダの階層構造。 フォルダの中（下）にさらにフォルダ（「下位フォルダ」「サブ・フォルダ」）を入れたり、フォルダの中にファイル（ノートの絵）を入れたりすることができる。

「コンピュータ」か「コンピューター」か

　情報処理の用語をカタカナ表記する時に迷うのが、語尾に伸ばす線をいれるかどうかです。例えば「コンピュータ」なのか「コンピューター」なのか。「フォルダ」「フォルダー」、「マネージャ」「マネージャー」といったものもあります。これらに関しては、実際の英語の発音が語尾をあまり伸ばさないことから、近年は伸ばす線を入れない表記が多くなっています。ですので、原則「コンピュータ」「フォルダ」「マネージャ」というように表記しています。

　ただ、この本では例外が2つあります。「メモリー」と「サーバー」です。「メモリー」に関しては「メモリ」という表記もよく見るのですが、「目盛り」と音感が似ていることから「メモリー」と表記しました。また、「サーバー」は、世の中で「サーバ」の表記より「サーバー」の方が多いので、こちらも「サーバー」と表記してあります。また、情報用語ではありませんが「プライバシー」も語尾を伸ばしてあります。

第1章　デジタルリテラシーと情報活用

1.5 インターネットの基礎

◆インターネットの接続

　私たちがパソコンを使って作業をするとき、30 年くらい昔であれば、ほとんどパソコンの中で完結していました。例えばワープロソフトで文書を作成したり、計算ソフトで会計を行ったり、あるいは何かのプログラムを書いたりといった作業です。パソコンゲームも 1 台で行っていたことがほとんどです。ところが、今やスマホ、タブレットと共に、パソコンも含めて、情報端末を使っての作業は、ほとんどがネットに繋がっていることが前提となっています。メールや SNS といった人とのコミュニケーションに始まり、ウェブブラウザを使って何かを調べること、オンライン通販でショッピングをすること、また、銀行のオンライン決済や、映画や旅行のチケットの発券など、およそ情報端末でする作業のほとんどはネット経由です。ここで言う「ネット」というのは、インターネットという、世界中のコンピュータが繋がっている巨大なネットワーク[7] です。

　このように、情報を他の人と共有したり、情報の送受信をするとき、インターネットを通じてデータがやりとりされます。このプロセスは、手紙や電話がどのようにして相手に届くかを考えると理解しやすいかもしれません。インターネットでは、特定のルールに従って情報が送られるため、それがどこにでも正確に届くようになっています。

　この「特定のルール」は、通信プロトコルと呼ばれる一連の規則です。「プロトコル」とは、語源的には、「公文書の指示」や「挨拶」といった意味のこ

---

[7] インターネットの他には、基本的に銀行などの金融機関だけで繋がっているネットワークや、軍事ネットワークといった専門的なネットワークもあり、むしろそちらの方が歴史は古いです。ただ、そういったネットワークは、従来は中心になる大型コンピュータと多数の端末を繋げる形式で動いていましたが、インターネットはそういった中心になる一台の大型コンピュータを置くのではなくて、各大学や研究機関のコンピュータを繋げることでネットワークのあちこちで情報を分散して持とうとする考え方で作られました。これは当初はアメリカが核戦争になったときを想定して作られた仕組みで、例えばニューヨークとロサンゼルスが壊滅してもシカゴが残っていればデータは残るといった考え方だったのです。そのためにどんなコンピュータでも繋がりやすいように考えられていたので、その後どんどんと発達して、今や世界中のコンピュータやパソコン、あらゆる情報端末が繋がる巨大ネットワークになりました。

とです。「こんにちは」「はい、こんにちは」「私は○○です」「私は○○です」「これから△△についての情報を送ります」「はい、準備ができました。どうぞ」みたいなことが機械同士で通信されている、それが「プロトコル」です（※詳細は次のコラム参照）。このプロトコルが働いているので、インターネットを通じて、世界中の人々とコミュニケーションを取ることが可能になっているのです。

プロトコルとは？ ―デジタル世界の「約束事」―

　「プロトコル（Protocol）」という言葉を聞くと、少し専門的で難しく感じるかもしれません。でも、実はデジタル世界を支える基本的な「ルール」や「約束事」のことを指していて、私たちが毎日インターネットを使うときにも大活躍している存在です。ここでは、その意味や背景をちょっとかみ砕いてわかりやすく説明してみましょう。

プロトコルの語源
　「プロトコル」という言葉の語源は、ギリシャ語の「protos（最初の）」と「kolla（接着）」に由来します。もともとは「公文書の冒頭に貼り付けられたルールや指示書」を意味していました。そこから転じて、「物事を進める際の手順や規則」を指す言葉として使われるようになり、現代では特に「通信のルール」としての意味で広く使われています。

プロトコルを身近な例えで考える
　プロトコルを理解するために、日常生活の例を考えてみましょう。
　例えば、友人と郵送の手紙をやり取りするとします。このとき、次のような「約束事」が必要です。

　（1）手紙には差出人と宛先を書いておく。
　（2）日本語で書く（外国語が得意でない友人には日本語が適切）。
　（3）決められた金額分の切手を貼る。
　（4）ポストなどに投函し、郵便局を通して手紙を届ける。

　これがルール（プロトコル）です。このルールに従わないと、手紙は正しく届けられません。
　インターネットでの通信も同じです。データを送る側と受け取る側が共通の

「約束事（プロトコル）」に従うことで、正しく情報をやり取りできるようになります。

インターネットでのプロトコルの役割

インターネットは、世界中のコンピュータが繋がってデータをやり取りする巨大なネットワークです。しかし、コンピュータがそれぞれ好き勝手な方法で通信しようとしたら、データが正しく届かず、混乱が生じます。そこで、通信プロトコルという統一されたルールが必要になるのです。

代表的なプロトコルの例

いくつかの有名なプロトコルを挙げてみましょう。

- **HTTP（HyperText Transfer Protocol）**：ウェブページを閲覧する際のプロトコルです。ブラウザで URL を入力すると、このルールに従ってサーバーからページのデータが送られてきます。
- **SMTP（Simple Mail Transfer Protocol）**：電子メールを送信するためのプロトコルです。メールが確実に送られるように、このルールが使われています。
- **IP（Internet Protocol）**：データをインターネット上で送る際の住所管理のプロトコルです。どのコンピュータにデータを届けるべきかを決める役割を担っています。

プロトコルがないとどうなる？

プロトコルがなかったら、インターネットの世界は無秩序になり、データが正しく届かなくなるでしょう。これは、郵便局が住所表記のルールを決めずに手紙を扱うようなものです。どこに届ければいいかわからなくなり、大混乱を招きます。

まとめ

プロトコルとは、インターネットや通信でデータをやり取りするための「ルール」や「約束事」のことです。このルールがあるおかげで、私たちはウェブを閲覧したり、メールを送ったり、動画を視聴したりすることがスムーズに行えます。日常生活でも、「ルールを守るとスムーズに進む」という感覚はありますよね。プロトコルもそれと同じく、デジタル世界を円滑に動かすための大切な仕組みなのです。

1.5　インターネットの基礎

現実には、インターネット上の最も基本的なプロトコルは TCP/IP（Transmission Control Protocol/Internet Protocol）で、これによってデータは小さなパケット（小荷物の意味）に分割され、目的地に送信されます。これは、ちょうどたくさんの荷物をどこかに送るとき、一つの大きな箱に入れると重くて持てないので、いくつかの箱に分割して入れ、「10個口中の5個目」などと書いて、同じ宛先に送るような感じです。

　さらにその TCP/IP を使って実際に私たちが目に見える形で使っているのが、HTTP（Hypertext Transfer Protocol）や HTTPS（HTTP Secure）といったプロトコルです。これらはウェブページのデータにアクセスし、データを安全に送受信するために使われます。Microsoft Edge や Chrome、Safari といったネットブラウザを使って、「http://www.u-tokyo.ac.jp/」（東京大学）や、「https://www.soumu.go.jp/」（総務省）といった「http://」や「https://」で始まる URL[8]（ユーアールエル）を入力すると、そのウェブページに到達できるのも、HTTP や HTTPS のおかげです。

　ここまでで、非常に基礎的なコンピュータの基本構造と、その後ろで繋がっているインターネットの基本的な概念を紹介しました。例えにまとめると、机の上で勉強することを想像してみてください。CPU は「考える力」、メモリーは「一時的にノートや教科書を広げるスペース」、ファイルは「書類やノート」、フォルダは「書類をしまう紙バインダーやクリアホルダー」、ストレージは「書類をしまう書棚や書庫」と考えると、役割の違いがイメージしやすいでしょう。

　このような概念を大まかにでも知ることは、デジタル時代を生きる上での基礎知識としてとても大切なことです。次節では、これらの基礎の上に構築される、デジタルセキュリティについて掘り下げていきます。

※8　URL：(ユーアールエル)「Uniform Resource Locator」の略で、簡単にいえばインターネット上のホームページ（Web サイト）やファイルの位置や情報を示す、ネット上の「住所」のようなもの。

1.6 デジタルセキュリティとプライバシー

◆デジタルセキュリティの重要性

　前節で、今パソコンやスマホやタブレットなどの端末で何かをする場合、ほとんどがネットに繋がっていることが前提となることを説明しました。しかし、オンラインで活動する際、私たちのデータは、いつ盗まれるかわかりません。これらのデータとプライバシーを守ることは非常に重要です。デジタルセキュリティとは、個人情報、財務情報、その他の重要なデータを不正アクセスや盗難、ウィルスから保護するための対策を指します。このようにデータを保護することで、オンライン犯罪のリスクを減らすことができます。

◆セキュリティ脅威

　デジタルセキュリティの脅威には多くの形があります。例えば、「マルウェア」[9] と呼ばれる悪意のあるソフトウェアは、知らないうちにコンピュータに侵入し、個人情報を盗み取ったり、システムを破壊することがあります。また、「フィッシング」とは、正規のものに見せかけたメールやウェブサイトを通じて、ユーザーから個人情報を騙し取る詐欺の手法です。これらの脅威に対処するためには、常に警戒し、安全な行動を心がける必要があります。
　具体的には、

- 知らないアドレスから来たメールは、たとえ公式ロゴなどが使われていても発信元のアドレスを調べる。
- メールに添付してあるファイルは、信頼できる相手からのもの以外は決して開かない。
- メールやメッセージについている URL は、クリックして開く前にマウスカーソルをその上に持って行って、表示されるドメインが正しいか必ず確認する。

※9 「マルウェア」は、従来「コンピュータ・ウィルス」と呼ばれてきたものの「広義」のものと考えて差し支えありません。実際には、コンピュータ・ウィルスとは、病原体のウィルスのように、何か（プログラム）についてコンピュータに侵入してから自己増殖し他のコンピュータに「感染」していく機能を持つものを言います。

といったようなことです。

　マルウェアには、さまざまな種類がありますが、その一部を次のコラムで
紹介しておきます。

さまざまなマルウェアの例

- **ワーム（Worm）**：ウィルスとは異なり、他のファイルに寄生せずに自己
  増殖します。ネットワークを通じて感染を広げ、システムに負荷をかけ
  たり、ネットワークをダウンさせたりすることがあります。

- **トロイの木馬（Trojan Horse）**：無害に見えるファイルやプログラムに偽
  装しており、実行すると悪意のある動作をします。データの盗難やシス
  テムの乗っ取りに使われることが多いです。ギリシャ軍がトロイ攻略の
  為に、無害に見える巨大な木馬の像の中に兵を隠しておいて、トロイ城
  壁内に木馬ごと兵士を引き込ませたというギリシャ神話の物語からつけ
  られた名前です。

- **ランサムウェア（Ransomware）**：感染すると、パソコンの中のファイル
  などのデータを暗号化してしまって読み書きができないようにし、それ
  を元に戻すために身代金（ランサム）を要求します。個人だけでなく企
  業をターゲットにして、企業内の多くのパソコンに感染させ大金をせし
  めることが多いです。

- **スパイウェア（Spyware）**：ユーザーの活動を監視して情報を盗みます。
  キーロガー（キーボードなどで入力したものを全部記録しておく小さな
  プログラム）のように、入力した文字（例：パスワード）を記録するも
  のも含まれます。

- **アドウェア（Adware）**：迷惑な広告を表示するために設計されていま
  す。なかには、消しても消しても画面にしつこく表示してきたり、特定
  の Web サイトを見るだけでユーザーの許可を得ずにマルウェアをイン
  ストールされてしまい、個人情報を盗まれてしまうような場合がありま
  す。

- **ルートキット（Rootkit）**：システムの根幹近くに深く潜り込み、存在を
  隠蔽しながら不正な操作を可能にするマルウェアです。攻撃者が管理者
  権限を獲得し、システムを完全に制御することを目的としています。

- **ボット（Bot）**：感染したコンピュータを操り人形のようにして、攻撃者

が遠隔から操作できるようにします。まるで大量のゾンビが発生して集団で人を襲うように、感染した多くのコンピュータから標的に対して大量の通信を行って過負荷にする DDoS 攻撃や、大量のスパムメール発信などに利用されてしまいます。

　他にもいろいろな種類のマルウェアがありますが、どのマルウェアも、「信頼できないリンクや添付ファイルを開かない」、「定期的にソフトウェアを更新する」といった基本的な対策で大部分は防ぐことができます。

◆安全なパスワードの作り方

　現在はさまざまなサイトやサービスで自分のアカウント^{※10} に、ユーザーID とパスワードを使ってアクセスし、そのサービスなどを使えるようになっています。そこで、ユーザー ID とパスワードの組み合わせを他人に知られて悪用されると、お金や権利を盗まれたり、情報を盗まれたりしかねません。また、自分のアカウントを乗っ取られて犯罪に使われるといったこともありえます。そこで、人に知られないような安全なパスワードを設定することは、デジタルセキュリティの基本です。安全で強力なパスワードを作成するためには、少なくとも 12 文字以上を使用し、大文字、小文字、数字、特殊文字を組み合わせることが推奨されます。また、少し調べればわかってしまう自分の誕生日や住所の一部、名前などを使わないことはもちろん、辞書に載っている一般名詞や固有名詞も、そのままで使うことはパスワードの脆弱性に繋がります（悪者がパスワードを解読するのにもコンピュータが使われ、辞書にある数万語程度であれば、総当たりでまるごとチェックしてくる可能性があります）。また、一つのパスワードを複数のサイトやサービスで使い回すのではなく、サイトごとに異なるパスワードを設定することが重要です。

※ 10　アカウント：そのサービスを使うための利用者登録をした「会員名」のようなものです。例えば、Amazon や楽天のようなオンラインショップや、SNS、さまざまな配信サービスや銀行のオンラインバンキングなどの会員であることを示す認証情報です。語源はラテン語の computare（計算する）でコンピュータと同語源です。その後、英語では銀行口座（bank account）や保険の口座などで使われていたことから、情報の世界でも使われるようになりました。

1.6　デジタルセキュリティとプライバシー

パスワードマネージャ[11] を利用することで、これらの複雑なパスワード
を管理しやすくなります。

◆プライバシー設定の活用

オンラインでの活動においては、自分のアカウントの「プライバシー設定」
を適切に管理することも大切です。多くのアプリやウェブサービスでは、ユー
ザーがどの情報を公開するかを細かく設定できます。例えば、「ユーザー名
（ニックネーム）はみんなに公開するけど、本名は繋がっているアカウント同
士にしか見せない」とか、「住所は公開しないけれど、出身校は公開する」な
どといった設定です。これを活用することで、個人情報が予期せぬところで
使われることを防ぐことができます。例えば、ある SNS のサービスでは、初
期にインストールした設定のまま OK を押すと、スマホの中にあるアドレス
帳の連絡先データを全部アクセスして盗み取ることができるようになってい
ました。これは、表向きはユーザーの「友達・知り合い」にも自動でお誘い
をしてくれるという「ユーザーのための仕組み」だと主張していました。し
かし、たとえ私がいくら個人情報を流出しないように設定してあっても、私
の友人で私の住所氏名をアドレス帳に登録している人がいたら、そこから私
の個人情報が流出してしまう状況になっていたわけです。ですから、自分の
情報を守るという観点からも、友人・知人に迷惑をかけないという観点から
も、定期的にこれらのサービスのプライバシー設定を見直し、必要に応じて
更新することは大切です。

デジタルセキュリティとプライバシーの保護は、現代社会において欠かせ
ないスキルです[12]。この節で学んだ基本的な知識と対策を実生活に積極的に

※ 11　パスワードマネージャとは、複数のパスワードを安全に保存・管理するためのツール
です。記憶が難しい長く複雑なパスワードを一括管理でき、必要なときに自動で入力してくれ
るため、覚えるのはマスターパスワード（1 つの主キー）のみで済みます。これにより、使い
回しや短いパスワードによるセキュリティリスクを大幅に減らせます。また、多くのパスワー
ドマネージャは、スマホやパソコンで同期が可能で、いつでも簡単にアクセスできる利便性も
魅力です。

※ 12　デジタルセキュリティに関して、さらに詳しく知りたい場合は、総務
省の「国民のためのサイバーセキュリティ」のサイトが参考になります。
https://www.soumu.go.jp/main_sosiki/cybersecurity/kokumin/

取り入れることで、オンラインでの安全を確保し、より安心してインターネットを利用することが可能になります。次の節では、インターネットを使った効果的な情報の検索方法について探っていきます。

1.7　情報の引用と活用

◆情報の引用

　インターネットには有用な情報が沢山あります。また、ネットで調べることで、書籍や論文、新聞や専門誌などの情報源を見つけることができます。そして、そこから必要な部分を抜き出してコピーし、一定のルールを守って自分のレポートや論文などの中に写して使ったり、要約して使うことを「引用」と言います。信頼できる先行情報を適切に引用することは、他者の知的財産を尊重し、読者に対して情報の正確さと透明性を示すことができます。自分の理論や考え方の根拠を示すためにも必要な行為です。その際には、技術的には、コピー＆ペースト（コピペ）を使います。

「コピペ」はいけない行為か？

　皆さんの中には、「コピペをしてはいけません」と言われた人も多いと思います。実際、このあとに説明する剽窃の項では、いわゆる「コピペ」は剽窃にあたると書いています。この場合の「コピペ」とは、ネット上の記事などを自分のところにまるまる写して使うことを言っています。例えば、「○○という本の感想文を書け」とか「○○という社会問題について意見を述べよ」という課題が出た時に、ネット上で見つけた記事をそのまま丸写しするような場合のことです。これは、やってはならない行為です。

　ただし、コピペというのは、もとはコピー＆ペーストという技術のことを言います。自分が作ったデータを別のソフトに写して使ったり、自分が書いた文を別のセクションでも使うためにコピーしたりという時にも使う技術です。

さらに、デジタルセキュリティやマルウェアについてより詳しく知りたい場合は、IPA（情報処理推進機構）の「情報セキュリティ」のページに、さまざまな情報がまとめられています。

https://www.ipa.go.jp/security/index.html

このコピー＆ペーストをすること自体は、別に善悪とは関係ありません。む
しろ、コンピュータや情報システム上のデータを扱う際には知っておくべき技
術です。

　私が30年前にIT企業に入社した時、新入社員研修で叩き込まれたのは、「一
旦入力したデータは、手作業で書き写したり入力しなおすのではなく、データ
をコピーして再利用することが大切だ」ということでした。手作業での再入力
は、ミスの原因になるからということです。そういった意味で、パソコンなど
の操作方法としてのコピー＆ペーストのやり方は、皆さんも習得して、上手
に使うべきです。

　具体的なやり方は、コピーしたい元の文や図表などのデータをマウスのド
ラッグなどで選んで、「Ctrl + C」（または、右クリックメニューから「コピー」
を選ぶ）でコピーをします（コピーをした時点では、パソコンが一時的に覚え
ているだけなので、どこにも見えません）。それを、貼り付けたい先にカーソ
ルを持って行って「Ctrl + V」（または、右クリックメニューで「貼り付け」を
選ぶ）などでペーストします。それで、コピペの操作が完了します。

◆引用のルール

引用をする際には、いくつかの守らなければならないルールがあります。

- **引用元を明示する**：他の人の文章やアイデアを使う場合、必ずその出典
  を明記します。（本の題名、著者名、出版年、ページ番号、URLと閲覧
  日などを記載）
- **引用部分を明確に区別する**：引用した部分は、自分の文章と区別できる
  ように、カギ括弧（「」）や引用符（""）で囲む、または段落を分けてイ
  ンデントにするなどして表示します。
- **引用は必要最小限にとどめる**：引用は自分の主張を補足するために使う
  ものであり、文章全体の大部分を他人の言葉で埋め尽くすのは適切では
  ありません。
- **改変しない**：引用した部分は、文意を損なわない限りそのまま使用しま
  す（要約は別）。誤解を生む改変は避けます。同時に、引用は最小限に
  とどめるべきですが、例えば、引用元の著者が反例として挙げている部
  分だけを抜き出すのも誤解を生む改変になります。また要約をする場合

でも、元の文意を損なわないように、注意深く行うことが大切です。

◆引用と剽窃の違い

剽窃とは、他人の文章やアイデアを出典を示さずに自分のものとして使う行為です。これは盗作にあたり、学術やビジネスの場で大きな問題となります。例えば、レポートで剽窃をしたら0点になったり、論文で剽窃をしたら、その論文自体が全く認められないのみならず、学会などでは今後発表は一切できなくなるといったこともありえます。

剽窃に当たる行為には、次のようなものがあります。

- 他人の文章をそのままコピーして使う。（俗にいう「コピペ」）
- 他人のアイデアやデータを自分が考えたかのように書く。
- 出典を記載しても、引用部分を明確に区別しない。

剽窃にならないためには、以下のルールを厳格に守る必要があります。

- **すべての引用に出典を明記する**：どんなに短いフレーズや一般的でない情報でも、他人のものを使用した場合は出典を示します。
- **自分の言葉で書き直す**：他人のアイデアを参考にする場合は、自分の言葉で説明し直し、その元となる情報の出典を示します。
- **引用部分を適切に区切る**：どこまでが他人の文章の引用で、どこからが自分の意見なのかを明確にします。

◆引用の意義

信頼できる情報源からの適切な引用は、他人の知識を活用するだけでなく、自分の主張に信頼性を持たせるためにも大切な行為です。また、出典を示すことで、読者がさらに深く情報を見つける助けにもなります。

昨今は、SNSなどネットの上で誰でも簡単に情報発信ができるようになっています。できれば、そういった発信の場合でも、引用のルールに準じて、引用元や参照元を適切に開示する方が、後のトラブルを回避するためにも役立ちます。

1.7　情報の引用と活用

1.8 信頼できる情報源の見分け方

　インターネットには有益な情報が溢れていますが、同時に誤情報や偏見に満ちたコンテンツも存在します。この節では、オンラインで出会う情報が信頼できるものかどうかを見分ける方法を学びます。

◆情報源の評価

　信頼できる情報源を見分ける第一歩は、その情報がどこから来たのかを確認することです。信頼性の高い情報源は、通常、その分野の専門家や著名な研究機関、または評判の高いニュース機関によって提供されます。これらの情報源は、情報の正確さを保証するための厳格な編集プロセスや査読プロセスを経ています。

　具体的には、一次情報としては、「オールドメディア」とも呼ばれるマスコミの、放送会社や大手新聞のニュースソースが、とりあえずは信頼がおけるでしょう。もちろん、マスコミにも偏りがあります（※次のコラムを参照）が、Web記事やSNSなどのニュースは、マスコミよりももっと偏りや嘘（フェイクニュース）が混じりやすいということは知っておくべきでしょう。

　また、即時性には劣りますが、きちんとした新聞記事などの他には、査読を通った論文も信頼がおけます。査読論文は、論文データベースから検索して読むことができます。あとは、きちんとした著者による書籍も信頼できますが、「きちんとした著者」かどうかは、その人がそれまでどのような本を出したり、研究活動等をしたりしているかを、ネットなどで調べることも必要でしょう。書籍というのは、お金さえ出せば誰でも出版することが可能だからです。

フェイク（偽）情報と陰謀論

　一般的には、放送会社や大手新聞などの「マスコミ」が信頼がおけるといっても、いくつかの考慮点があります。一つにはその会社が会社独自の「意見」を持っている場合です。例えば、保守的な考え方の会社と、民主的な考え方を尊重する会社では論調や伝える内容も異なるでしょう。また、マスコミの政権

批判が強い場合に、「公平な報道を心がけるように」と放送各社に政府が通達をした事例がありました。これによって、マスコミは政治批判など「言いたい事」が言えなくなり、一部では言論封鎖などと批判されたこともあります。また、一方では、マスコミは政府の発表をそのまま垂れ流すだけだから信頼できない、「マスゴミだ」などと言われることもあります。それらの言説も、X（旧Twitter）などのSNSやWeb記事などで見られる場合が多いです。

　一方で、SNSやWeb記事は、より偏りが大きくなりがちなことに加え、自分の意見に近い意見だけが多く目に留まる仕組みなので余計に偏ってしまいがちです。例えば私が、政権擁護の意見をいくつか投稿したりすると、政権擁護派の意見を多く目にするような仕組みになっています。これは政治的意見などだけではなく、自分の「推し」（好きなタレントなど）の話を書くと、その「推し」に関する話がいかにも大きな話題（トレンド）になっているかのように表示されるのです。また、フォロワー（その人の投稿を読みたいと登録している人）の数が多い人（インフルエンサーと言います）が書いた意見は、あたかもネットの上の多数意見のように引用されたりたくさん目にすることにも繋がります。こういった事は認識がゆがむので、注意が必要です。例えば、SNSのこうした性質を上手に利用した政治家が、いかにもその人が世間の多数派から認められているかのようにふるまい、一般の世論調査を逆転して選挙を勝ち抜いたといった事例もありました。

　また、こういったSNSなどの性質を利用して、フェイクニュース（偽情報・嘘のニュース）も作られることがあります。例えば、地震が起きた後で、過去の津波の映像を重ねた写真を出して、「大津波が襲ってきている」といったニュースが流れたり、政治家が言ってもいない発言が捏造された画面が流されたりすることもあります。アメリカでの大統領選挙で、民主党・共和党互いの支持者陣営が相手方のスキャンダルをでっちあげるシーンはよくあります。

　さらには、陰謀論というような、悪の組織のような物の陰謀だとする言説が飛び交うこともあります。例えば、あるワクチンに対して「顕微鏡サイズのマイクロチップが埋め込まれていて政府の言う通りに動くよう洗脳されてしまう」といったものや、キリスト教国では「ワクチンは悪魔の紋章が埋め込まれているので、接種すると神様に救われて天国に行けなくなってしまう」といったようなものもありました。そこまで荒唐無稽でなくても「○○党の政策は、裏で某国と繋がっていて、日本を乗っ取るためにしているのだ」といったようなことがまことしやかに語られることもあります。SNSなどを通じて、誰でも発信ができる時代だからこそ、よく気を付けてニュースソース（ニュースの発信源）をきちんと調べる必要があると同時に、フェイクニュースをよく調べも

しないでシェア（共有）することで、嘘の拡散を手伝ってしまうようなことがないように気を付けなくてはなりません。

◆著者と出版日

　情報を評価する際には、著者が誰であるか（どんな人であるのかも含めて）、そしてその情報がいつ公開されたかも確認することが重要です。著者がその分野の専門家であるか、関連する資格を持っているか、他の著書や論文にどのようなものがあるかを調べます（調べる時には、その本のプロフィール欄だけではなくて、できればネットの複数のプロフィールや講演情報なども調べると良いでしょう）。また、情報が最新であるかどうかも重要であり、特に科学や技術関連の情報は、古くなるとその正確さを失うことがありますので、出版日（新聞などであれば発表された日）のチェックも大切です。

◆内容の確認

　提供されている情報が、他の信頼できる情報源によっても確認されているかどうかをチェックします。例えば、ある書籍で書かれている情報が、出版されたころの新聞でも書かれているか、とか、あるいは、新聞の情報が、別の新聞やNHKなどのニュースサイトにも出ているかなどといったことです。海外のニュースであれば、複数の通信社がもたらすニュースかどうかというチェックもできるかもしれません（英語が不得意でも、今は英語のWebページを翻訳して読むことも可能ですし、機械翻訳の精度も向上しています）。とにかく、一つの情報源のみに依存するのではなく、複数の信頼できる情報源を参照することで、情報の正確さをより確かめることができます。また、偏りが少ないことや、そこに書かれている内容のうち「事実」と「（執筆者の）意見」が明確に区別されていることも、信頼できる情報の特徴です。

◆批判的思考のすすめ

　批判的思考は「クリティカル・シンキング」と言われ、情報社会だけでなく、あらゆる社会活動を行うためにとても大切な姿勢です。ただし、批判的

思考とは、「何にでも批判（反対意見）を言う」ということではありません。何か情報を得た時に、その情報を鵜呑みにするのではなく、一度立ち止まって、常に「その情報や意見・考え方は正しいのだろうか」と、冷静かつ客観的に疑問を持って考える姿勢を持つことが大切だということです。情報の出所、意図、そしてその影響を考慮することで、より賢明に情報を読み取れるようになれます。疑問を持つことは、情報に対する深い理解へと繋がるのです。例えば、「A という会社の食品は非常に賞味期限が長くてカビも生えないので、食品添加物が多いのではないか」という情報があったとします。しかし、本当に食品添加物が多いかということを、業界の発表論文やその会社の株主総会での文献などを調べたら、実は食品工場の衛生管理が徹底していたからであり、添加物はむしろ少ないということが解った、などといったことがありえるわけです。

　特に現代では、情報を求めるユーザー（情報消費者）はその情報を SNS などでシェアすることで、容易に情報提供者にもなりえます。つまり、平たく言えば、「誰でも情報を発信できる社会」だということです。ですから、情報の信頼性に関しては、常に疑問をもち、クリティカルに（良い意味で批判的に）見る習慣を身に付けたいものです。

　オンラインでの情報評価能力を身につけることは、デジタル時代における基本的なリテラシーです。この節で学んだ技術を用いて、日々接する情報の真偽を判断し、知識の質を高めることは大切です。

　次の章では、大学以上の研究の場やビジネスなどにおいて必要になるプロフェッショナルなコミュニケーションスキルに焦点を当てていきます。

大学生活にパソコンは必要？

　「大学生活でパソコンは本当に必要なの？」と疑問に思う方もいるかもしれません。しかし、現代の大学生活では、パソコンは単なる便利な道具以上の存在です。もはや、ペンやノートと同じくらい大切なものと言えるでしょう。その理由は以下のとおりです。

1. 学業の必須ツール

　大学では、レポートや論文を作成するために Word や Google Docs などのワープロソフト、プレゼン資料を作るために PowerPoint や Canva を使うこ

1.8　信頼できる情報源の見分け方

とが求められる場面が多々あります。卒業研究では、必要に応じて Excel や Google スプレッドシート（Google Sheets）などの表計算ソフトで分析やグラフづくりの必要があるかもしれません。また、インターネットを利用した情報収集や、授業に必要なオンライン資料の閲覧も日常的です。これらをスマートフォンやタブレットで代替することは可能ですが、パソコンのほうが効率的に作業を進めることができます。

2. デジタルスキルの向上

　パソコンを使いこなすことは、将来の就職活動やキャリア形成において大きな武器になります。例えば、表計算ソフトを用いたデータ分析や、プログラミングの基礎を学ぶことで、仕事の幅を広げることができます。大学生活を通じてこれらのスキルを身につけるためにも、パソコンは欠かせない道具です。

3. 作業環境の快適さ

　パソコンは、スマートフォンやタブレットに比べて大画面で作業ができるため、長時間の作業に適しています。また、キーボードやマウスを使うことで入力や操作が効率的になり、学業だけでなく趣味やスキルアップのための作業にも適しています。

4. 学業以外の用途にも活用する

　大学生活では、趣味やコミュニケーションのためにパソコンを使う機会も多いでしょう。動画編集や音楽制作、ゲーム、SNS の利用、家族や友人とのビデオ通話など、学業以外のさまざまな活動に役立ちます。

　このように、大学生活でパソコンを持つことは、学業だけでなく、スキルアップやプライベートの充実にも繋がる重要な選択です。これからパソコンを選ぶ際には、自分の用途や目標をしっかり考え、最適な一台を見つけましょう。大学進学を機に新しいパソコンを購入しようと考える方は多いですが、どのようなパソコンを選べば良いのか迷うこともあるでしょう。特に理工系や情報系でない学生は、入学時点ではそもそも大学でパソコンをどのように使うのかもわからないかもしれません。後のコラム「大学生活に最適なパソコン選び」がそのような時の一助になればと思います。

AI パソコンについて

2024 年に、Microsoft が「Copilot+ PC」として AI 処理を強化したパソコン（いわゆる「AI パソコン」）を提唱し、話題になっています。AI パソコンは次のような特徴を持っています。

- **専用 AI チップ（NPU）搭載**：毎秒 40 兆回以上の演算処理能力を持ち、リアルタイム翻訳や画像生成などの AI 処理を高速に行えるチップを搭載している。（2025 年 1 月現在、Snapdragon X シリーズ、AMD Ryzen AI 300 シリーズ、Intel Core Ultra 200V シリーズなど。）
- **メモリー**：16GB 以上の DDR5/LPDDR5 搭載
- **ストレージ**：最低 256GB SSD/UFS

これらのハードウェアによって、オフィスソフトなどに組み込んだ Copilot などがスムーズに働いたり、ビデオ通話などを AI で補助する Windows スタジオエフェクト、リアルタイムに自動で字幕を付けるライブキャプション、以前見た情報に素早くアクセスできるリコール機能などが働きます。

また、今後は、NPU を活用できるソフトウェアも増えてくるでしょう。例えば、Web ではなくて、パソコンの中で動く画像生成 AI などのソフトや、社会調査や統計分析において、AI を活用してデータを高速処理したり、パターンを自動で発見したりできるようになる可能性はあります。今はまだ NPU の黎明期ですが、ちょっと高度なグラフィックを用いた処理には GPU が当たり前であるのと同じように、今後さまざまな作業を AI と共にするようになれば、数年以内には AI パソコンが当然のスペックになっていくかもしれません。

大学生活に最適なパソコン選び

大学進学を機に新しいパソコンを購入しようと考える方は多いですが、どのようなパソコンを選べば良いのか迷うこともあるでしょう。特に理工系の学部ではない学生の場合、どの程度のスペックが必要なのでしょうか。最近は、最新の AI パソコンやタブレット、2in1 デバイス（タブレットとパソコンの両方の用途に使えるデバイス）は自分に向いているのかなど、判断材料がたくさんあります。このコラムでは、大学生活に必要なパソコンの選び方について基本的なポイントをお伝えします。

1.8　信頼できる情報源の見分け方

1. まず用途を明確にする

大学でのパソコンの使い方は、学部や専攻によって異なりますが、以下の用途が一般的です。

- **レポート、卒論作成：**Word や Google Docs を使って文章を書く。
- **プレゼン資料の作成：**PowerPoint や Canva などのツールを利用。
- **インターネット検索や調査：**授業や課題での情報収集。
- **オンライン授業や動画視聴：**大学生活では必須となる機能。
- **統計や分析作業：**社会調査法の授業や課題、あるいは卒論のための研究の分析などで、Excel や SPSS、Python などを使用することも。

これらを考慮すると、理工系や情報系以外の学生にとっては、基本的なスペックのパソコンで十分な場合が多いです。ただし、4 年間のうちにやりたい事が変わったり増えたりするかもしれません。また、場合によっては大学院に行ったり留学ということもあるかもしれません。ですから、最低 4 年は使うこと、その間に、世の中の技術も進化するかもしれないことも考え、少し余裕を持ったスペックのものにしておくか、後に容量などを上げられるような拡張性をもっているものにするといったことも考慮点の一つです。

2. おすすめの基本スペック（2025 年現在）

以下の程度のスペックを基準に選ぶと、当初大学生活に必要な作業を十分にこなせます。

- **CPU：**Intel Core i5 以上（または同等の AMD Ryzen 5 以上）
- **メモリー（RAM）：**16GB 以上（余裕があれば 32GB がおすすめ）※
- **ストレージ：**SSD 256GB 以上※
- **画面サイズ：**13 〜 15 インチ（持ち運びしやすいサイズ）
- **バッテリー持続時間：**最低 8 時間

このスペックであれば、レポート作成や調査、統計ソフトの利用もスムーズに行えます。

※拡張性の観点からは、メモリーとストレージは最初は大きくないものを買っておいて、後日追加ができるタイプのパソコンを選ぶという手もあります。メモリーは、本当に基本の作業しかしなければ 8GB でも動きます。また、ストレージは、動画などを扱うと大きな容量が必要になりますが、扱わなければ大きな

ものは不要です。ですから、メモリーやストレージは当初はあまり大きなものを選ばす、より大きなものが必要と分かった時点で追加や入れ換えが容易な拡張性に優れたものであるかという観点も、パソコン選びの視点の一つです。

3. タブレットや 2in1 デバイスはどう選ぶ？

　タブレットや 2in1 デバイス（タブレットとしてもノートパソコンとしても使える製品）は、以下の特徴を持っています。

- **タブレット**：軽量で持ち運びが簡単。読書や動画視聴に適しているが、長時間の文章作成や複雑な作業には向かない場合もある。
- **2in1 デバイス**：タブレットのポータビリティとノートパソコンの生産性を兼ね備えている。軽量なキーボードを取り外せるものが多い。

　これらの選択肢は、次のような用途やライフスタイルに適しています。

- **タブレットが向いている場合**：主にオンライン授業の受講や動画視聴が中心。ノート取りや PDF の閲覧を手軽に行いたい。
- **2in1 デバイスが向いている場合**：持ち運びのしやすさを重視しつつ、レポート作成などの生産性も必要。タッチスクリーンやペン入力を活用したい。

　ただし、長時間の文章作成や統計分析などの作業が多い場合は、従来型のノートパソコンがより適していることが多いです。

4. AI パソコンを選ぶか？

　2024 年に Microsoft が提唱した、AI パソコン「Copilot+ PC」（詳細は前出のコラム「AI パソコンについて」を参照）を選ぶ必要があるかです。AI パソコンは、AI 処理専用の NPU（Neural Processing Unit）を搭載していたり、その他にもスペックが高く、その分高価（20 万円以上が一般的で、2025 年になって、少しずつ 10 万円台のものが出てきた程度）です。

　現在、AI パソコンでないとできない作業は多くありません。例えば、生成 AI の ChatGPT や Microsoft Copilot も AI パソコンでなくても使えますし、そもそも一般的な Office ソフトなど学生がレポートや論文、サークルなどの学生活動で普通に使うソフトウェアは AI パソコンを必要としません。ですから、予算が限られている場合には、スタンダードなパソコンで十分です。AI パソコンは価格が高めで、高度な用途を必要としない学生にとっては「なくても困らない」ことが多いでしょう。

1.8　信頼できる情報源の見分け方

5. 賢い選択をするためのポイント

どのデバイスを選ぶか迷ったときには、以下のポイントを確認しましょう。

- **用途に合ったスペックか**：上記の基本スペックを参考に、自分の学習や趣味に必要な性能を見極める。
- **予算とのバランス**：スタンダードなパソコンは 8 万円〜 12 万円が一般的ですが、AI パソコンや 2in1 デバイスはその倍以上になることも。
- **軽さとポータビリティ**：持ち運びしやすいモデル（1.5kg 以下）を選ぶ。
- **大学生協モデルも検討**：大学生協で購入すると、故障時のサポートや必要なソフトがセットになっている場合が多い。

6. 将来に向けて

途中でも書きましたが、パソコンは安い買い物ではありません。ですから、最初は高いスペックでなくても、メモリーやストレージが拡張に対応しているかも一つの検討項目です。（メモリーやストレージは、買い替えて交換ができるものと、パソコンの基盤に付いてしまっていて交換がほぼ不可能なものがあります）

また、AI パソコンも今後さらに進化し、多くの人にとって身近な存在になるでしょう。特にデータ分析やクリエイティブな作業においては、AI が大学生の学習や研究を大きく支える可能性があります。

前述のように AI パソコンでないと AI サービスが使えないわけではありませんが、「未来の技術に触れてみたい」と思う場合、AI パソコンを選ぶのも良い選択です。ただし、まだまだ AI パソコンの能力を十分に引き出せるソフトウェアがそろっているとは言い切れません。ですから、実際に使う用途をしっかり見極め、自分に本当に必要かどうかを考えることが大切です。

まとめ

大学生活に最適なパソコンを選ぶには、まず自分の用途を明確にし、それに合ったスペックや価格帯のモデルを選ぶことが大切です。文系学部の学生にとっては、スタンダードなパソコンで十分なことが多いですが、タブレットや 2in1 デバイスはポータビリティを重視する場合に便利です。また、AI パソコンは将来の可能性を広げる選択肢として検討する価値もあります。

「必要なもの」と「興味のあるもの」のバランスを取りながら、自分にぴったりのデバイスを見つけてください。

社会人が自宅用パソコンを選ぶポイント

　社会人の場合、会社員ならば、入社後に会社から業務用のパソコンが支給されることが一般的ですが、「やはり自宅にも自分専用のパソコンが欲しい」と感じる場面があるかもしれません。会社のパソコンがあるなら、自宅用のパソコンにはどのような役割を期待し、どのように選ぶべきなのでしょうか。

1. 自宅用パソコンが必要な理由

　自宅用のパソコンは、仕事以外のプライベートな活動やスキルアップ、仕事を補完する用途で活用できます。例えば以下のような用途が考えられます。

- **スキルアップや学習**：オンライン講座の受講やプログラミングの学習、資格試験の準備。
- **プライベートな用途**：趣味の写真・動画編集、ネットショッピング、家族とのオンライン通話。
- **仕事の補完**：軽いメールチェックや資料作成（セキュリティを考慮して会社の機密データを扱わない範囲で）。
- **快適な作業環境の構築**：自宅での在宅勤務や個人作業を快適に行えるスペースを整える。

　自宅用パソコンは、仕事とプライベートの切り分けを明確にするためにも役立ちます。

2. おすすめの基本スペック（2025 年現在）

　社会人が自宅で使うパソコンには、用途に応じた適切なスペックが必要です。以下は一般的な基準です。

- **CPU**：Intel Core i5 以上または AMD Ryzen 5 以上
- **メモリー（RAM）**：16GB 以上（余裕があれば 32GB）
- **ストレージ**：SSD 512GB 以上（動画編集やゲームをする場合は 1TB 以上がおすすめ）
- **画面サイズ**：15 インチ前後（デスクトップ用途なら大画面も検討）
- **バッテリー持続時間**：ノートパソコンの場合は最低 8 時間

3. 用途別の選択肢
（1）ライトユーザー向け：基本作業が中心

1.8　信頼できる情報源の見分け方

主な用途：インターネット閲覧、メール、Office ソフト使用。
おすすめモデル：エントリーモデルのノートパソコン（価格帯：5 万〜 10 万円）。

(2) スキルアップや学習に活用したい場合
主な用途：オンライン学習、資格試験の勉強、簡単なプログラミング。
おすすめモデル：性能が安定したノートパソコンやデスクトップ（価格帯：10 万〜 15 万円）。

(3) クリエイティブな作業をする場合
主な用途：写真編集、動画制作、音楽制作。
おすすめモデル：グラフィック性能が高いモデル（価格帯：15 万〜 25 万円）。

4. ノートパソコン vs デスクトップパソコン
ノートパソコンのメリット：
- 持ち運び可能で、家のどこでも使える。
- スペースを取らない。

デスクトップパソコンのメリット：
- 性能が高く、長時間の作業に向いている。
- 大画面や複数モニターを利用できる。

ライフスタイルや利用シーンに応じて選択するのがポイントです。

5. 周辺機器の選び方
自宅用パソコンを快適に使うためには、以下の周辺機器も検討しましょう。
- **外付けモニター**：作業効率を高める。
- **キーボード・マウス**：自分好みのものを選ぶと快適。
- **プリンター**：自宅で印刷をよくするかどうかで考える。
- **外付けストレージ**：バックアップ用としてあったほうが良い。
- **Web カメラとマイク**：オンライン会議や通話の質を向上させる。

6. コストパフォーマンスを重視
自宅用パソコンは、会社の業務用ほど高い性能を必要としないことが多いため、予算に応じて選びやすいメリットがあります。中古やアウトレット品も検討すると、よりお得に購入できます。

まとめ
社会人が自宅用にパソコンを購入する場合、仕事とプライベートの切り分け

やスキルアップ、快適な作業環境の整備を目的に選ぶと良いでしょう。自分の用途に合ったスペックや価格帯を考慮し、必要に応じて周辺機器も揃えることで、自宅での作業がより効率的で快適なものになります。

Windows 以外のパソコンの選択肢？

　パソコンと言えば Windows だと思っている人は多いと思います。ですが、実は、Windows というのはパソコンを動かすための OS（オペレーティングシステム）という基本のソフトで、OS が Windows 以外のパソコンもあります。有名なところでは Apple の Mac や、無料で使える OS の Linux もあります。今までの例えに沿って説明するなら、パソコンの CPU が頭脳であれば、OS はその頭脳で考えるための「日本語」や「英語」といった言葉に例えられるかもしれません。同じ「人間」であっても、日本語で考え、日本語で会話し、勉強や仕事をする人もいれば、英語で考え、英語で会話し、英語で勉強や仕事をする人がいるようなものです。日本人でも英語を学んで英語ベースで生活ができるように、Windows のパソコンの OS を、例えば Linux という別の OS に入れ替えて、別の使い方をすることも可能です。そうでありながら、オフィスソフトで文書や資料を作ったり、インターネットのサイトを見たり、動画や音楽を楽しんだりといったような基本的なことは、どの OS でもすることができます。ただ、それぞれに特徴があるので、紹介しておきます。

1. Mac（macOS）

　Mac は、Apple が開発する直感的で洗練されたデザインが特徴のパソコンです。シンプルで非常に使いやすいインターフェースが魅力で、動画編集やデザインといったクリエイティブな作業に強みがあります。また、Apple が独占的に作っているので、多くの会社間での相性問題からの不具合が少なく、iPhone や iPad との連携が非常に良く、初心者にも使いやすいです。ただ、Mac は Windows PC[13]（パソコン）と比べて価格が高めです（例として、iPhone と Android スマホの価格差を考えてみてください）。Mac では基本的に macOS しか動かず、OS を Windows に入れ替えることもできませんし、Windows PC で macOS を動かすことも基本的にはできません。ですから、今や将来、仕事や学校で Windows 専用ソフトを使う場面が多い事が考えられる

　※ 13　PC：パソコンのこと。パソコン（＝パーソナルコンピュータ）personal computer を省略して PC とも言います。この本では、基本的には「パソコン」と表記します。例外的に Mac に対して Windows のパソコンのことを Windows PC と表記しています。

1.8　信頼できる情報源の見分け方　　　　　43

場合には、Macを選ぶのは、よく検討してからにしたほうがよいでしょう。

2. Linux

　Linuxは、無料で使えるオープンソース（プログラムを独占せずにみんなで使えるようにオープンにし、世界中の非常に多くの人が協力しながら開発をしているソフト）のOSです。多くのWindowsが動くパソコンでLinuxを動かすことができます。WindowsがOSを買うだけで何万もするのに、Linuxは無料なのは大きな魅力です。また、ソースが公開されているので、さまざまな変更や独自の設定をすることができます。ただ、高い自由度を持つ反面、設定や操作がやや専門的で、初心者にはハードルが高い場合がありますが、興味を持って学びたい方や、エンジニアを目指す人には良い選択肢となります。

3. ChromeOS

　ChromeOSは、Googleが開発したクラウド中心の軽量OSです。ウェブブラウザ「Chrome」を基盤にしており、Google Workspace（Gmail、Google Driveなど）を主に利用する方に適しています。価格が安いChromebookが多く、初心者や学生におすすめです。ただし、インターネット環境がないと十分に機能しない場面もあるため、注意が必要です。

まとめ

　初心者にとって、MacやChromeOSは扱いやすく、特定のクリエイティブな作業やクラウド中心の作業をするには適しています。一方、Linuxは学習意欲が高い人やエンジニア向けです。このように、Windows以外のOSを搭載したパソコンを選ぶのであれば、自分の目的や使い方に合ったものを選ぶことが重要です。ですが、もし、特別な理由がなく、特に周囲にITに詳しい人がいるわけでもなくて、将来一般の会社に入社しようと考えているか、現在一般の会社で働いている人は、とりあえずWindowsを選んでおくと安心です。Windowsは、現状では最も多くのビジネスで使われているのは事実ですから。

　そのような理由から、この本では、Windows PCの操作を中心に記述しています。MacやLinuxユーザーの人は、必要に応じて、「Windows Mac 操作 違い」といったキーワードで検索して、違いを調べてみてください。

第2章

オンラインコミュニケーションの基礎

　この章では、オンラインで電子的なコミュニケーションをとるにあたって必要となる基礎知識や、常識、エチケットなどが書いてあります。

　電子メールやSNS、電子掲示板でのエチケットや、オンライン会議の基本的な使い方や参加の仕方などの知識を身に付けます。

私たちは、日常生活において、さまざまなコミュニケーションをとっています。普段の仕事場での会議や、職場や学校での対話といった実際に対面して行うものから始まって、メール[※1]やSNS、メッセージといったオンラインでの文字によるコミュニケーションまでさまざまです。ここでは特に、オンラインや電子的なコミュニケーションをとりあげ、きちんとしたやりとりができる知識を身に付けます。社会人であれば当然きちんとしたビジネスの対話ができることは必須ですが、たとえ学生であっても、例えば研究のために学外の協力者とやりとりをしたり、就職活動で企業とやりとりをするような場合は、きちんとした大人のコミュニケーションが求められます。ここでは、そういった観点から、電子的なコミュニケーションの注意点を見て行きましょう。

2.1　ビジネスメールの基本

　メール（eメール＝電子メール）は、ビジネスや学業において重要なコミュニケーション手段です。適切なメールの書き方を身につけることで、相手にわかりやすく、失礼のないやり取りができます。

なぜ、メールが大切なの？

　なぜメールが大切かというと、唯一メールだけが、情報端末や使っているアプリに依存しない通信方法だからです。LINEなどのSNSは便利ですが、そのアプリを持っていない人は使えません。ですから、最も基本となるのは、メールということになります。

　中でも、ビジネスメールは、公的な環境において使われる、オフィシャルなメールです。ビジネスの場はもちろん、就職活動などの場、大学・大学院など

※1　「メール」とは、今でこそインターネットを経由して送る電子メール（eメール）のことを指しますが、以前は郵送する手紙のことでした。ですので、正式には「電子メール」「eメール」「インターネット・メール」などと呼びます。逆に、現代はそれらが一般に「メール」と言われるので、従来の郵送で送るメールは「スネイルメール」と言ったりすることもあります。スネイルとはカタツムリのことで、カタツムリのように遅いメールという意味です。

46　　　　　　　　　　　第2章　オンラインコミュニケーションの基礎

の授業や研究の場において、たとえ学生であっても、先生や研究の協力者など
の学内外の相手とのきちんとしたコミュニケーションをとるための、重要な
ツールです。

　そのため、この節では、まず、きちんとしたメール（ビジネスメール）の
使い方を学びます。

◆メールの基本構成

　良いビジネスメールは、明確で簡潔、そして目的に合致した内容を心がけ
て書きます。メールを書く際には、このような構成にすると良いでしょう。

1. 件名（タイトル）：簡潔で内容が伝わるタイトルをつける。
2. 宛先・CC・BCC：誰に送るのかを確認し、適切に設定する。
3. 本文：
   - 挨拶：「○○ ○○さま」などとフルネームで呼びかけ、「お世話になっ
     ております」など、状況に応じた冒頭の言葉を入れる。
   - 用件：要点を簡潔にまとめる。
   - 結び：感謝の言葉や今後の対応を記載する。

適切な件名を付ける

　受信者がメールの内容を一目で理解できるように、短く具体的な表現を用
います。

良い例

- 情報処理演習　第 2 回課題提出（大間 哲）
- 【○○会議日程のご案内】4 月 15 日（月）14:00 〜
- 【確認のお願い】○○プロジェクト資料ご送付の件

避けるべき例

- 「こんにちは」「お世話になっています」→ 内容がわからない
- 「至急！！」「大至急！！」→ 緊急性を過度に強調しすぎる

2.1　ビジネスメールの基本

挨拶に書く内容

受取人の名前を用いた丁寧な挨拶で始めます。「○○ ○○様」「○○ ○○ 先生」などとできればフルネームで呼びかけます。

初めてのメールであれば、自分が何者なのか（「○○大学○○学部○年 ○ ○と申します」「○○株式会社○○部門○○担当の○○と申します」といった 名乗る言葉）と、「初めてメールを差し上げます。○○についてご連絡です」 といったメールを送った理由を書きます。2回目以後は、「○○学部の○○で す。○○についてお問合せを差し上げます」とか「○○株式会社○○です。 ○○の件でご連絡を差し上げます。」というように、初めての時ほど細かく名 乗る必要はありません。その後、メールの理由を簡潔に記します。

本文の書き方

主旨を最初に明確にし、必要な詳細情報を簡潔に述べます。複数のポイン トがある場合は箇条書きなども活用しましょう。

結びについて

「よろしくお願いいたします」や「ご検討をお願いいたします」といったフ レーズで結びます。

シグネチャ（署名）

末尾に自分の所属・名前を付けます。通常は、メールソフトにシグネチャ を設定するところがあり、設定しておけば、メールを書くとシグネチャは自 動で付くようになっていることが多いです。

特に、SNS などのメッセージや仲間内でのメールに慣れている人は、注意 が必要です。メッセージは、名乗らなくてもユーザー名などで発信者がわか るようになっています。しかし、メールでは（相手がこちらの情報をアドレ ス帳に登録していない限り）受信者にはメールアドレスしか表示されません。 これは、手紙を送る時に差出人の名前を書かずに、住所だけ書いて送るよう なものです。

また、メッセージや仲間内のメールでは、件名を付けないことが多いです

が、きちんとしたビジネスメールの場合には必ず一目で内容がわかる件名を付けるようにしましょう。特に気を付けたいケースとして、同じ人と何往復もやりとりをしていると、メールの件名と中の話題がズレてくることがあります。そのような場合には、適切な件名に修正しましょう。例えば、こちらから「〇〇プロジェクト開始のご挨拶」と最初のメールを出したとして、相手から「Re: 〇〇プロジェクト開始のご挨拶」と返事が来たら、次にその部分を括弧に入れて「初期資料のご送付（Re: 〇〇プロジェクト開始のご挨拶」などと変更します。そのようにすれば、何のメールへの返信なのかもわかりますので。（もちろん、内容が件名に則しているうちは、件名を変える必要はありません。）

2.1 ビジネスメールの基本

差出人： Tetsu Oma <tetsuoma@aaaa.ac.jp>

自分のアドレス
通常は設定すれば自動で記入される

宛先： Rio Kunimi <kunimirio@aaaa.ac.jp>

送り先のアドレス
間違わないように記入する

件名： 情報処理演習初回課題提出の件

メールのタイトル
内容を簡潔に、相手に分かるように書く

本文

国見理央先生

月曜 5 限 情報処理演習を履修しております、○○学部 2 年の
大間哲と申します。

あいさつ
初回はきちんと自分が誰かを名乗る

初回の課題を、授業中に指定された学習システムの提出箱に、
Word ファイルで提出いたしましたので、ご報告いたします。

ご確認いただきたく、お願いいたします。

用件
簡潔に、理論的に分かりやすく書く

====
○○大学○○学部 2 年
大間 哲（学生 ID 901257）
tetsuoma@aaaa.ac.jp

シグネチャ（署名）
自分の名前やアドレスを書く（通常はメールソフトに
設定しておいて自動記入されるようにしておく）

図2-1●きちんとしたメールの書き方（学生篇）

50 　　　　第 2 章　オンラインコミュニケーションの基礎

差出人： Tetsu Oma <tetsuoma@aaaa.co.jp>

> 自分のアドレス
> 通常は設定すれば自動で記入される

宛先： Yuma Koga <ykoga@bbbb.co.jp>

> 送り先のアドレス
> 間違わないように記入する

件名： ○○プロジェクト企画案のご送付の件

> メールのタイトル
> 内容を簡潔に、相手に分かるように書く

牧之原 株式会社
○○部
古賀 佑真 様

> 本文

平素より大変お世話になっております。
この度○○プロジェクトを担当いたします、株式会社
桜島産業 企画部、大間 哲と申します。

> あいさつ
> 初回はきちんと自分が誰かを名乗る

本日は、プロジェクトの初期企画案についてご連絡差し
上げました。ご指定いただきました○月○日までに、企
画案を古賀様宛にご送付いたしますので、ご査収のほど
お願い申し上げます。

なお、企画案の送付先について、もし他にご指定の方が
いらっしゃいましたら、お手数をおかけいたしますがご
教示いただけますと幸いです。

> 用件
> 簡潔に、理論的に分かりやすく書く

何卒よろしくお願い申し上げます。

====
（株）桜島産業
企画部○○課○○担当
大間 哲
tetsuoma@aaaa.co.jp

> シグネチャ（署名）
> 自分の名前やアドレスを書く（通常はメールソフトに
> 設定しておいて自動記入されるようにしておく）

図2-2●きちんとしたメールの書き方（社会人篇）

2.1　ビジネスメールの基本

51

◆礼儀正しいメールの書き方

　ビジネスメールでは、正式な言葉遣いを用いることが基本です。敬語（丁寧語、尊敬語、謙譲語や、尊敬のレベルの表現）を適切に使い分け、常に尊敬と謙虚の気持ちを表現しましょう（※敬語については、本章末尾のコラム「敬語について」参照）。また、文末の丁寧な挨拶や、返信を促すクロージングは、プロフェッショナルな印象を与えるために重要です。

◆メールのフォローアップ

　メールを送信した後、適切なタイミングでフォローアップを行うことも重要です。メールを送ったら相手の返信を待つのは当然なのですが、相手も多忙なため、無視する気はなくても忙しさにまぎれてしまったり返信を失念してしまうことがあります。また、まれにですが、メールが相手に届かないこともあります。特に、近年は迷惑メールや詐欺メールが増えている関係でメールシステムのセキュリティが厳しくなって、不達になる例も増えています。ですから、返信がない場合に、「相手が返事をしてこないのだから、相手の責任だ」と考えるのではなく、礼儀正しく状況を確認するメッセージを送ることが、関係を良好に保つために効果的です。その際には、こちらのメールが不達である可能性も考慮に入れ、相手の非礼を責めるのではなく、「忙しいだろうけれど、できたら早めに返信をいただきたい」という希望を伝えると良いでしょう。

====== 練習問題 2-1 ======

　自分が持っているパソコンなどのメールソフトで、以下のようなメールを書いてみなさい。その際には、必ず用件が一目で分かるような件名（表題、タイトル、サブジェクトとも言います）を付けなさい。また、本文の最初で相手に呼びかけ、挨拶および簡単に自分が何者であるかを名乗りなさい。その後、簡潔かつ明確に用件を書き、最後に自分の所属（大学・学部や会社・部門名）、名前や連絡先などを書いたシグネチャ（署名）を付けなさい。シグネチャは、フォーマットをあらかじめ作っておくと便利です。また、メールソフトのほとんどは、設定で自動で付けられるようになっているので、あら

かじめ設定しておくと良いでしょう。

　なお、ファイルを添付する際は、ファイル添付のマーク（メールソフトによって違いますが、多くはゼムクリップのようなアイコン）をクリックすると添付ができます。また、ファイルをドラッグ＆ドロップすることで添付できるようになるものもあります。

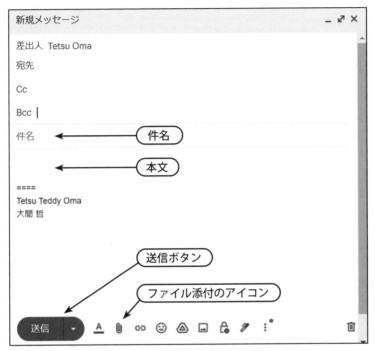

図2-3●メール作成画面の例（Gmail）とファイル添付のアイコンなど

学生向け：初めてメールを送る先生宛て

To：○○○○ @aaaaaaa.ac.jp
From：○△×◇ @bbbb.ac.jp
表題：月曜4限「○○演習」の課題の提出
本文：
○○先生

2.1　ビジネスメールの基本

私は、月曜4限「〇〇演習」を履修している、△△学部◇◇学科〇年の〇〇
〇〇（学生ID：xxxxxxxx）と申します。

前回の「〇〇演習」の授業の課題を添付ファイルにて提出いたします。

よろしくお願いいたします。

====
〇〇大学△△学部◇◇学科〇年
〇〇 〇〇（学生ID：xxxxxxxx）
〇△×◇@bbbb.ac.jp

社会人向け：初めてメールを送る取引先宛て

To：〇〇〇〇@aaaaaaa.co.jp
From：〇△×◇@ccccc.co.jp
表題：〇〇プロジェクト 〇〇資料のご送付
本文：
〇〇株式会社〇〇部〇〇課
〇〇 〇〇 様

初めてメールを差し上げます。

株式会社△△△　〇〇部◇◇課 で 〇〇プロジェクトを担当しております 〇
〇 〇〇と申します。

ご依頼いただきました、〇〇資料を添付ファイルにてご送付いたします。ご
査収いただきますよう、お願い申し上げます。

なにとぞよろしくお願いいたします。
====
株式会社△△△　〇〇部◇◇課
〇〇 〇〇

○△×◇@ccccc.co.jp

大人としての、きちんとしたメールやデジタルコミュニケーションの基本をマスターすることは、大学生や社会人として、また将来のきちんとした職業人として成功するための第一歩です。大学などの学業の場や、将来の職場でスムーズにコミュニケーションを行って信頼を築くために、この節で学んだメールの書き方を実践しましょう。次節では、デジタルコミュニケーションの広範囲なエチケットについて掘り下げていきます。

2.2　礼儀正しいコミュニケーションとネットエチケット

インターネット上のコミュニケーションでは、対面と異なり表情やしぐさ、声のトーンなどが伝わらないため、相手に誤解を与えないように注意が必要です。例えば、攻撃的な意図がなくても、「自分が正しいと思う意見」をストレートに書いただけで、攻撃していると思われてしまうことすらあります。ですから、ネット上では、エチケットに特に注意を払うことが重要です。

◆ネチケット（ネットエチケット）の基本

ネチケットとは、インターネット上でのマナーやルールのことです。以下のような点に意識をすることが大切です。

- **相手に敬意を払う**：攻撃的な言葉を避け、冷静な表現を心がける。
- **読みやすい文章を書く**：過度に長くせず、改行や適度な句読点を入れる。
- **不要な情報を送らない**：グループチャットやメールで無駄なメッセージを送らない。
- **公の場での発言に注意**：思わぬ誤解を招くことが内容、発信前に内容や表現をよく確認する。

2.2　礼儀正しいコミュニケーションとネットエチケット　　55

◆メールでの礼儀

　メールを送る際のエチケットは、前節に詳しく書いたとおりです。適切な件名を付け、簡潔に用件を伝えると共に、挨拶と結びの言葉も添えましょう。末尾に、自分の所属や連絡先を示すシグネチャも忘れずに。

◆ソーシャルメディアのエチケット

　最近は、LINE などのソーシャルメディア（SNS）をビジネスや仕事の連絡に利用するケースも増えてきました。これらを利用する際にも、友人とのやりとりをするようなプライベートなグループでのように振る舞うのではなく、公共の場としての自覚を持つことが大切です。投稿する内容は、常に他人が読むことを意識し、不適切な言葉遣いや攻撃的なコメントは避けるようにしましょう。また、他人の投稿に対しては敬意を持って接し、質問やコメントをする際には礼儀正しく表現することが望ましいです。

　また、LINE やメッセンジャーは、メールと違ってスマホなどですぐに通知が鳴る可能性が高いです。プライベートの友人や知人ではない、ビジネスの相手や目上の先生や学外の協力者などに送る場合は、言葉遣いだけでなく、送る時刻も、早朝や深夜を避けるなど、気を使いましょう。

◆ソーシャルメディア利用の際の危険性

　X（旧 Twitter）や Instagram のような短文や写真の投稿サイトの利用は、特に気を付ける必要があります。友達（フォロワー）しか見ていないだろうと思って、上司や取引先の愚痴や、人を傷つけるような発言や反社会的な行為を投稿すると、炎上[※2] したり、最悪は社会的生活が脅かされたりすることになりかねません。例えば、コンビニエンス・ストアのアルバイト店員が、食品の保冷ケースの中に入った写真を投稿したり、外食チェーン店で調味料の容器にいたずらをした動画を投稿して、会社に大きな損害を与えたことは大きな社会問題になりました。ちょっとしたいたずら心でした投稿が、自分

　※2　炎上：ネット上の SNS などでの投稿や発言が大量の批判や反発を引き起こす現象。特定のトピックや個人に対する感情的な反応が、瞬く間に拡散することで、一般的にネガティブに注目を集めることが多い。著名人や企業の公式アカウントの発言が炎上すると、謝罪や解雇、イメージの損傷などの重大な影響を受けることがある。

が所属している組織や会社に迷惑をかけたり、場合によっては懲戒を受けることにもなりかねません。また、学生であっても、その後の就職活動にも悪影響がある場合もあります。一度ネットに出回ってしまった情報は「デジタルタトゥー」とも言われ、入れ墨のように消すことはできないものです。たとえ友人しか見ていないはずの SNS であっても、本当に人から見られても良い情報だけを投稿するようにし、人に見せられない情報を面白半分に投稿することは絶対に慎むべきです。

炎上商法

　SNS 等のネットで、意図的に物議を醸す発言や行動をして、批判や議論、いわゆる「炎上」を巻き起こし、知名度を上げる方法があります。例えば、「○○はダサい」とか「これをやらないのはバカ」といった挑発的・攻撃的な発言や、または女性蔑視や差別発言などを含む発言を故意に行うことで、批判を利用して注目を集めます。結果としてフォロワーが増えたり、商品が売れたりすることを狙います。これを炎上商法といいます。

　例えば、2025 年の 2 月には、アニメで描かれた食品の CM を「女性の頬が桃色に描かれているから性的な表現」として指摘した人がいて、一部のフェミニストを巻き込む議論に発展しました。ところが、最初に指摘したその人は、企業の CM の危機管理等のセミナーを開催している人だったのです。その人は自分で批判の議論を巻き起こしておいて、炎上対策のセミナーの客を獲得したというわけです。これも炎上商法の一種で、明らかなマッチポンプです。

　このように、炎上商法は、商品やサービスの本質に関係なく、社会的に「騒ぎをおこして」利益を得る行為です。短絡的な戦略であり、直近で効果はあっても長期的には信頼を落とすなど、リスクが大きいので、するべきではありません。

　私たちユーザーは、ネットの上での批判や議論に短絡的に反応して、火に油を注ぐことにならないようにしましょう。また、自分の投稿が炎上のネタにされないように、投稿する内容には注意が必要です。もし、必要があって炎上している投稿をシェアしたり、それに反論したりするような場合は、元投稿の背景や事実関係も調べた上で冷静に反応して、炎上に加担しないように気を付ける必要があります。

2.2　礼儀正しいコミュニケーションとネットエチケット

◆フォーラムやディスカッションボードでの行動

　学問的なフォーラムや学会などのディスカッションボードでは、ビジネスの場とはまた別の注意が必要です。そのような場は、専門的な話題が多く扱われます。ここでは、自分の意見を述べる前に十分な事前調査と確認を行い、根拠のある発言を心がけることが重要です。また、他の参加者との議論では、異なる意見を尊重し、建設的な批評を行うようにしましょう。批判的なコメントをする際にも、攻撃的ではなく、論点に対してのみ行うことが大切です。

　職場や大学生活でスムーズな人間関係を損なわないよう、常に礼儀正しいコミュニケーションと適切なネチケットを心がけましょう。

2.3　オンライン会議とプレゼンテーションのツール

◆オンライン会議ツールの概要

　オンライン会議は、現代のコミュニケーションに欠かせないツールです。これらのツールは、以前から一部の国際会議や遠隔地との会議では使われていましたが、使っている人はごく限られていました。しかし、2020年の全世界的な新型コロナウィルスの流行によって対面の会議が困難になったことで、爆発的に普及しました。この節では、これらオンライン会議のツールの基本を理解し、適切に活用する方法を学びましょう。

◆ツールの基本

　代表的なオンライン会議ツールには、以下のようなものがあります。

- **Zoom**：シンプルな操作で会議が可能。広く一般に使われている。
- **Microsoft Teams**：Microsoft 365と連携しやすい。企業や教育機関で広く利用されている。
- **Google Meet**：Googleアカウントがあれば利用可能。シンプルなインターフェース。

　それぞれのツールには、会議を開催、参加、管理するための基本的な機能

が備わっています。会議では、会議の主催者（ホスト）と参加者（メンバー）がいます。会議を開催するには、ホストが会議を主催するための設定をします。ホストとして会議を主催するには、最初に、Zoom や Teams といったオンライン会議ツールのソフトウェア（アプリ）をダウンロードし、アカウントを開設し、その会議ツールを使えるようにします。主催する会議の日時が決まったら、まず「New Meeting」や「Create Meeting」、または「スケジュール作成」をクリックして、ミーティング（会議）をスケジュールします。そうすると、ミーティング ID（会議 ID）や、会議のリンク（URL）が作られます。それを会議の参加者にメールや SNS などで送ることで、参加者が会議に参加できるようになります。

　実際に会議を開催する時は、スケジュールした画面などから、会議の開始のボタンを押すと、セッションが開始されます。参加者は、リンクや会議 ID を知っているので、時間になったらそれをクリックすることで、会議に参加してきます。

　一般には、参加者は Web ブラウザがあれば会議への参加が可能なツールが多いですが、できれば参加者も同じツールのアプリをダウンロードして繋いでおくと、オンライン会議ソフトのさまざまな機能が使えるので便利です。

図2-4●Zoomの会議を設定する画面の例

2.3　オンライン会議とプレゼンテーションのツール　　59

LINE やメッセンジャーなど SNS のビデオ通話じゃいけないの？

　LINE やメッセンジャーなどのソーシャルメディアでも、グループで顔を見ながら対話をすることは可能です。その意味では、手軽に仲間内でのミーティングでは、それらを使っても良いかもしれません。しかし、オンライン会議ツールには、「話者を大きく写す」「画面を共有して会議資料を見せる」「画面の中で、共同で書き込みをして何かを作り上げる」「会議を動画や音声で記録する」といった仕組みが提供されています。また、きちんと会議の主催者や共同主催者、一般参加者というように役割が分かれていて、それぞれができる機能を細かく設定できます。それによって、例えば、不用意にマイクをオンにしてしまって雑音を送ってしまうような参加者のマイクを、リモートでオフにしたり、たまたま会議に侵入してきた部外者だけを会議から追い出すといったこともできます。それによって、会議をより安全でセキュリティの高いものにすることができます。

　また、最近は、AI による議事録の自動作成（単純な文字起こしではなく、要約や TODO といったことがまとまっている）や、AI による同時通訳などの機能も発表されていて、こういった機能も SNS などではできないことです。

◆**会議のマナーとエチケット**

　オンライン会議では、対面での会議と同じように礼儀を守ることが重要です。会議が始まる前にはマイクを原則オフ（「ミュート」と言います）にし、会議中もミュートのままで、発言するときだけオンにすることで、不要な背景音[※3]を送ってしまうことを避けます。また、ビデオをオンにする場合は、適切な服装を心がけ、背景に不適切なものが映り込まないようにします。発言中はカメラに向かって話すことで、相手とアイコンタクトができ、より自然なコミュニケーションになります。

　会議の人数やその場によって、常に発言して良い場合や、司会者がいて、指名されたら発言ができる場合、また、発言をしたい時には、「挙手ボタン」がある場合など、それぞれの会議でルールがあります。参加者のビデオのオ

　※3　オンライン会議ソフトは、参加者が互いの発言を聞きやすくするために全員の音声ではなく、その時話している 1 人か 2 人の音声だけを生かして、それ以外の音声は切れるようになっていることが多いです。そのため、不要な背景音を送ってしまうと、肝心の話し手の声が聴こえなくなってしまうこともありえるのです。

ン／オフについてもルール決めをしている場合があります。会議を主催する場合は、最初にそういったルールを明確にしておくと良いでしょう。特に、オンラインセミナーのような場合や、○○総会といった報告が多いような会議の場合は、話し手（講師・報告者）が、質問を随時受けるのか、あるいは最後にまとめて受けるのかといったこと、話し手以外は画面をオフにすべきかどうか、質問や発言をしたい場合にどうしたら良いか（いきなり声を出していいのか、挙手ボタンを使うのか、あるいはチャットに質問を送るのか）といったようなことなど、参加者が戸惑わないように、最初にルールを明示しましょう。逆に、そういったルールを特に定めず参加者の自由にして良い場合でも、その旨を最初に案内しておくと参加者は安心できます。

◆効果的なプレゼンテーションの作成

オンラインでの会議の多くで、自分の画面を共有して資料を見せる事があります。それは、研究発表や会議中の報告、あるいは、オンラインセミナーといったさまざまな場面で使われる、オンラインのプレゼンテーション技術です。

オンラインでのプレゼンテーションは、一般的な対面でのプレゼンテーションに比べて、一層聴衆の注意を集めることが重要になってきます。PowerPoint や Google Slides などのツールを使用して、情報を明確かつ簡潔に表示するスライドを作成しましょう（一般的な PowerPoint や Google Slides といったプレゼンテーションツールの使い方は第 5 章で紹介します）。

特にオンラインの場合、スライドには大きな文字と画像を用い、内容を箇条書きにしたりして、聴衆が理解しやすいように工夫します。参加者がスマホなどの小さな画面で見ている可能性もあるので、文字はなるべく大きくする方が良いでしょう。逆に、研究発表や報告などで、小さな文字で沢山の情報を 1 枚のスライドに入れたい場合は、事前に参加者にスマホなどではなくパソコンでの参加を推奨するのも良いでしょう。また、プレゼンテーション中も、一般にはスライドの脇や端に話し手が小さく写っている場合が多いです。ですから、スライドだけでなく、カメラを通じて、目線やジェスチャーなどで聴衆とコミュニケーションを取ることも意識しましょう。

ここまでに学んだことを活用して、きちんとしたオンラインコミュニケー

ションができるようになっていきましょう。次の章からは文書作成や計算、プレゼンテーションのツールであるオフィスソフトウェア（Microsoft Office、Microsoft 365 など）の使い方を見ていきます。

敬語について

　敬語の使い方はそれだけで本が一冊書けてしまうくらい難しいものです。ですので、ここでは本当に基本的なことを少しだけお話します。それでも数ページにわたってしまうくらいですから、敬語は一朝一夕には使いこなせるこものではありません。普段から敬語に慣れておくことは、情報リテラシー以前に日本人・日本語話者として、大切なことです。できれば日ごろから多くのきちんとした書簡を読んだり、正しい言葉、美しい日本語で書かれている文を多く読んだり、また、きちんとした言葉遣いの先生の言葉をよく聞いたり、そういう人の文章を読んだりすることが大切です。

　そして、情報リテラシーという観点からすると、「文字情報によるコミュニケーション」が圧倒的に多いですから、対面で話すよりも表情などが伝わらないので、なお丁寧な言葉遣いに気をつけなくてはなりません。

　最低限、日本語の敬語には「丁寧語」「尊敬語」「謙譲語」の 3 つのカテゴリがあり、それを上手に組み合わせる必要があることは知っておくべきです。それを取り違えると、相手に軽く見られたり、時には不快感を与えたりしかねません。

表2-1●敬語の使い分け

敬語の種類	例
尊敬語（相手の動作を敬う）	「社長がいらっしゃいました」
謙譲語（自分の動作をへりくだる）	「私が伺います」
丁寧語（丁寧な表現）	「本日は晴れています」

　簡単に言えば、「丁寧語」は「です・ます」調です。ただ、細かいことを言うと、「丁寧」のレベルにも差があって、そのレベルの統一が取れていないと、相手にちぐはぐな印象を与えてしまいます。例えば、全く丁寧でない言葉が「お願い」「お願いね」「お願いするよ」だとしたら、一般の丁寧語は「お願いします」になります。しかし、より丁寧にすると「お願いいたします」「お願い申し上げます」などとなります。このレベルが不統一な文を書くと、相手に「まともな日本語が書けない」と軽視される可能性があります。

また、それ以上に間違えてはいけないのは、「尊敬語」と「謙譲語」です。尊敬語は相手に尊敬を表し、上に見るための言葉。謙譲語は逆に自分や身内を低く下に表現することで相手を相対的に上に見るための言葉です。例えば「○○なさいます」は尊敬語ですが「○○いたします」は謙譲語です。

　以下に誤りの例を挙げます。日常会話でももちろんですが、特にビジネスメールにおいて、こういった誤りはしないように常日頃からきちんとした敬語を読み書きする習慣を身に付けておくべきです。きちんとした敬語を話す先生や先輩、上司の言葉をよく聞いておくことも大切でしょう。

敬語の誤用の例

（1）部長が会議に参りました。

誤りのポイント：「参る」は謙譲語で、自分や自分側の人間の動作をへりくだって表現します。目上の人である部長の行動には尊敬語を使うべきです。
正しい表現：「部長が会議にいらっしゃいました。」
対外的な場合：もし、（例えばお客様などに対する場合で）対外的に部長を身内として謙譲表現をしたいのであれば、そもそも「部長は」ではなくて、部長の名前を呼び捨てにすべきです。例えば、「部長の田中が会議に参りました」であれば、謙譲表現としては正しいことになります。

（2）社長がお待ちしております。

誤りのポイント：「お待ちしております」は謙譲語で、自分が待つ場合に使います。社長が待つ場合は尊敬語を用います。
正しい表現：「社長がお待ちです。」または「社長がお待ちになっています。」
対外的な場合：前項と同様で、対外的に社長も身内として謙譲表現を使う場合は、「社長の佐藤がお待ちしております」でも誤りではないです。しかし、社長を謙譲表現するような相手の場合は、敬語レベルを一段上げて「社長の佐藤が、お待ち申しあげております」のほうがよりよい表現になるケースが多いかもしれません。

（3）お客様が拝見しました。

誤りのポイント：「拝見する」は謙譲語で、自分が見ることをへりくだって言います。お客様の動作には尊敬語を使います。

2.3　オンライン会議とプレゼンテーションのツール　　63

正しい表現：「お客様がご覧になりました。」

（4）お客様は、この電車はご利用できません。

誤りのポイント：「○○できる」は一般に敬語で使う場合は謙譲表現で自分や身内を下げる表現です。例えば「私は、ご案内できません」なら良いのですが、相手に使う場合は「○○になれません」としないと尊敬表現になりません。
正しい表現：「お客様は、この電車はご利用になれません」というのが正しい表現です。あるいは、利用してもらうという意味合いを込めて「ご利用いただけません」のほうがより美しい言い方になるでしょう。

（5）部長が申されました。

誤りのポイント：「申す」は謙譲語で、自分の発言をへりくだって言います。部長の発言には尊敬語を使います。
正しい表現：「部長がおっしゃいました。」

（6）お客様、どうか致しましたか？

誤りのポイント：「いたす」は謙譲語で、自分の行為をへりくだって言います。お客様の行為には尊敬語を使います。なお、無理に尊敬表現にしようとして「お客様、どうか致されましたか？」という言い方をする場合もありますが、これもおかしな表現です。
正しい表現：「お客様、どうかなさいましたか？」「お客様、いかがなさいましたか？」（後者のほうがより丁寧な表現です）

（7）先生がこの本を差し上げました。

誤りのポイント：「差し上げる」は謙譲語で、自分が物を与えるときに使います。先生の行為には尊敬語を使います。
正しい表現：「先生がこの本をくださいました。」
先生より目上の人がいる場合：ただし、「先生」より目上の人の場合（例えば、先生が校長先生にあげたというような場合）は、この言い方で正しいこととなります。

> （8） 社長が私の家にお越ししました。

誤りのポイント：「お越しする」などの「お○○する」は、多くの場合は謙譲語で、自分の行為をへりくだって言う場合に使います。社長の行為には尊敬表現になる「お○○になる」を使います。なお、「お越しになる」よりは、社長クラスの場合、さらに敬語のレベルを上げて「お見えになる」の方が美しい敬語になります。また、私の家に「来てくれた」ということを表現したいのであれば、そこを謙譲表現にして、「お越しくださいました」という表現もありえます。
正しい表現：「社長が私の家にお見えになりました。」「社長が私の家にお越しくださいました。」
注意：「お越しになられました」「お見えになられました」は二重敬語といって敬語の言葉が重なっているので文法的に誤りであり、使うと恥ずかしいものです。

> （9） お客様がお食事いたします。

誤りのポイント：「いたす」は謙譲語で、自分の行為をへりくだって言います。お客様の行為には尊敬語を使います。
正しい表現：「お客様がお食事をなさいます。」

> （10） 部長がご覧になられました。

誤りのポイント：「ご覧になる」は既に尊敬語で、「～られる」を付けると二重敬語になります。
正しい表現：「部長がご覧になりました。」

　これらの例は、相手や目上の人の行動を謙譲語で表現してしまったり、自分の行動を尊敬語で表現してしまったりする誤用です。敬語を正しく使うためには、尊敬語と謙譲語の使い分けに注意が必要です。少なくとも、目上の人には尊敬語、ただし身内であれば、目上であっても謙譲語、といった区別は必要ですし、そこでの尊敬表現・謙譲表現を間違えないようにならないとなりません。

　敬語は、このように奥が深くて慣れが必要なものです。かなり年齢が高い人でも、完全に敬語を使いこなす人はなかなか多くはありません。ですから、仮に美しい敬語はまだ使えないにしても、最低限「間違った」使い方をして、相

2.3　オンライン会議とプレゼンテーションのツール

手を不愉快にしたり、相手から軽んじられたりすることがないようにしたいものです。

より詳しくは、文化庁の敬語の使い方についてのサイトを参照してください。

参考サイト

- 文化庁「敬語の指針」
  https://www.bunka.go.jp/seisaku/bunkashingikai/kokugo/hokoku/pdf/keigo_tosin.pdf

- 文化庁「敬語おもしろ相談室」
  https://www.bunka.go.jp/seisaku/kokugo_nihongo/kokugo_shisaku/keigo/index.html

第**3**章

文書作成と管理の基本

　ここからの3つの章で、ワードプロセッサと表計算、プレゼンテーションという、オフィスソフトの中核をなす基本的なソフトウェアについて学びます。これらは、オフィスや教室で使う、ペンや帳面・電卓と帳簿・黒板やホワイトボードに相当するソフトです。

　第3章では、Microsoft Word や Google Docs といった、ワードプロセッサ（ワープロ）ソフトの基本的な使い方を学びます。

　ワープロソフトは、文章を書いたり整形したりするソフトです。大学生であれば、レポートや課題、論文などで使いますし、社会人であれば、さまざまなビジネス文書や書類の作成で使う、文具に例えるなら最も基本的なペンとノートにあたるソフトウェアです。大学や会社やさまざまな場で、事務作業で最も基本的に使う道具と言えます。

3.1 Microsoft Word の基本操作

　Microsoft Word は、文書作成に広く利用されているワードプロセッサと呼ばれるソフトウェア（ワープロソフト）です。ワープロソフトには、Microsoft Word の他に Google Docs、Apple Pages などがありますが、基本的な機能は類似しているので、ここでは Word を例に説明します。

◆ Microsoft Word の概要

　Microsoft Word は、以下のような基本機能を備えています。

- **テキストの入力と編集**：文字の入力、削除、コピー＆ペーストによる、文章の複製や移動
- **書式設定**：フォントの字体やサイズ、文字色を変更して体裁を整える機能
- **段落設定**：インデントや行間を調整して、文のひとまとまり（段落）ごとに、同じ書式になるようにする機能
- **見出しと目次**：文の章や節ごとに見出しを設定し、全体の構成を一覧したり、自動的に目次を作成する機能
- **表の挿入**：情報を整理するための表を作る機能
- **画像や図形の挿入**：視覚的にわかりやすい文書を作成する機能
- **校正**：文字の表記ゆれや、文法的な誤り、綴りのチェックなどの機能
- **変更履歴の管理やコメントの挿入**：文がどう変更されたかを記録してあったり、共同作業で別の人が文章の途中にコメントを入れたりする機能

　Word は、上記のような機能を備えており、「文を書く」という作業が効率よくできるように作られています。大学であれば、レポートや論文の執筆、研究会やクラブやサークルのお知らせなどの作成、会社や組織であれば、さまざまな資料の作成や社内外へのお知らせ文書などの作成などに必須となるソフトウェアです。文書作成、計算、プレゼンテーションといった事務上の基本的な作業をするためのソフトウェア群を「オフィスソフト」や「オフィススイート」と呼ぶことがありますが、その中でも最も基本的なソフトです。

この節では、Word の基本的な機能とその操作方法を紹介します。

Microsoft Office 20xx と Microsoft 365

　Microsoft Office には大きく分けて、Office 20xx と付いているものと Microsoft 365（以前は、Office 365 と呼ばれていましたが、Microsoft 365 と名前を変え、さらに 2025 年の早い段階から Microsoft 365 Copilot と生成 AI 機能である「Copilot」を統合したリブランドがなされています）と呼ばれるシリーズがあります。20xx の方は、一般に「買い切り型」と言われ、一度購入したらずっと使うことができますが、基本的に機能の追加はされません。一方で、365 の方は、「サブスクリプション型」と言って、毎月や毎年一定の料金を支払い続けることで、払っている期間中は使うことができるものです。

　それぞれの特徴をより詳しく以下に説明します。

（1）提供形態と購入方式

Microsoft Office 20xx シリーズ

- **買い切り型：**一度購入すれば、そのバージョンを永久に利用可能。
- **提供例：**Office 2019、Office 2021 など。
- **更新：**セキュリティ更新は提供されるが、新機能や改良は基本的に追加なし。
- **利用可能な端末：**購入時に、1 台のパソコンや Mac 用にライセンスされる場合が一般的。

Microsoft 365 シリーズ

- **サブスクリプション型：**月額または年額で料金を支払って利用する。
- **常に最新バージョン：**サブスクリプション中は新しい機能や改良が随時追加される。
- **クラウド連携：**Microsoft のクラウドサービス（OneDrive）との統合が強力。
- **利用可能な端末：**プランによっては複数台（パソコン、Mac、スマートフォン、タブレット）で利用可能。

（2）機能の違い

Microsoft Office 20xx シリーズ

- 基本的な Office アプリ（Word、Excel、PowerPoint）が含まれる。
- 特定のバージョンに固有の機能が含まれる。
- クラウド機能や AI による高度な機能（例：自動翻訳やデータ分析）は限

3.1　Microsoft Word の基本操作

定的。

Microsoft 365 シリーズ

Office 20xx に含まれるすべての基本機能に加え、以下の追加機能を利用可能。

- **AI 機能**：PowerPoint のデザイナー機能、Excel のデータ分析支援など。
- **クラウドストレージ**：OneDrive の 1TB ストレージが付属。
- **コラボレーション機能**：リアルタイムでの共同編集が可能。
- **拡張アプリ**：Publisher や Access（Windows のみ）が含まれるプランもあり。

（3）ライセンスの違い

Microsoft Office 20xx シリーズ

- 一度購入すると、そのライセンスで永続利用可能。
- ライセンスは通常、1 台の端末に紐づく。
- パソコンを買い換える場合はライセンスの移行手続きが必要な場合がある。

Microsoft 365 シリーズ

- サブスクリプション中のみ利用可能。
- ライセンスは複数の端末に同時適用可能（プランにより異なる）。
- サブスクリプションが終了するとソフトウェアの利用も停止する。

（4）費用の比較

Microsoft Office 20xx シリーズ

- 初期費用がやや高い。
- 長期的には追加費用がかからない（新しいバージョンを買わない限り）。

Microsoft 365 シリーズ

- 月額または年額制で、初期費用は抑えられる。
- 長期的に利用すると費用がかさむ可能性がある。

（5）誰に向いているか

Microsoft Office 20xx シリーズが向いている人

- 一度購入して、長期間同じバージョンを使い続けたい人。
- 新機能やクラウド連携は不要だが、基本機能が必要な人。
- インターネット環境が不安定な環境で使用する人。

Microsoft 365 シリーズが向いている人

- 常に最新の機能を使いたい人。（特に 2024 年からは、生成 AI 機能である Copilot の機能を統合して、AI の補助による作業ができるようになり

つつある）

● クラウドやコラボレーション機能を重視する人。

● 複数台のデバイスで利用したい人。

● 継続的な支払いが問題ない人。

まとめ

特徴	Microsoft Office 20xx	Microsoft 365
提供形態	買い切り	サブスクリプション
更新	セキュリティのみ	常に最新機能を追加
利用端末数	1 台	複数台（プランによる）
クラウド連携	限定的	強力な統合
コスト（長期）	安い（1 回購入）	高くなる可能性あり
向いている用途	基本利用	高度利用・コラボ

　どちらを選ぶかは、必要な機能や使い方を検討した上で、2025 年現在は予算に応じて決めるのがおすすめです。しかし、2025 年 1 月の段階で、Microsoft 社の公式のサイトで「Office」のことを検索すると、ほとんど Microsoft 365 のことしか出てきません。ですので、Microsoft 社としては、今後は徐々に Microsoft 365 の方に力点を置いていくように感じます。

　また、最近はある程度大きな大学や会社では、Microsoft 365 のライセンスをまとめて購入し、学生や教職員、社員などに使わせてくれるケースもあります。ですから、特に大学入学や、会社への就職が決まってパソコンを買う場合には、Office 20xx 付きの物を自分で買う必要がないかもしれません。

3.1　Microsoft Word の基本操作

Microsoft アカウントについて

　Windows パソコンを初めて使う時や、新しく Microsoft Office をインストールした後に最初に使う時には、Microsoft のアカウントを入力する必要があります。（全くネットに接続しないで使う場合には「ローカルアカウント」というものを作って使うことができますが、ネットに繋げて使う場合は Microsoft アカウントを作って、そのアカウントで使うようにしないと一部の機能が使えません）。Microsoft アカウントを持っていなければ、新たに作成します。

　一般的には、Microsoft のページから作成できますが、Windows パソコンを新しく買った時に、セットアップ（初めて使うための初期設定）をする際に同時にアカウントを新規作成することも可能です。Microsoft アカウントは、メールアドレスさえ持っていれば、基本的に無料で作ることができます。

　過去に別のパソコンなどで Microsoft アカウントを作った場合は、再度作成する必要はありません。同じ人が使うのであれば、原則同じアカウントを使うことで、古い PC から設定を引き継いだり、OneDrive のファイルを引き継いだりすることもできます。

図3-1●WindowsPCの初期セットアップ時にMicrosoftアカウントを追加する画面

◆ Word を初めて使うときの準備

Word など、Microsoft の Office を初めて使う時にも、一般には Microsoft アカウントの入力を求められます。すでに持っていれば、そのアカウントを入力します。

図3-2●Word 2024利用開始時の初期画面（最近は、パソコンの消費電力をおさえるために、黒っぽい画面（ダークテーマ）で出荷されることも多い。この画面はダークテーマの例）

◆ Word のインターフェース

Word を開くと、リボンと呼ばれるツールバー（さまざまな機能のアイコンが並んでいる横長の部分）が画面上部に表示されます。このリボンには、フォント（字体）のスタイルやサイズを変更する「ホーム」タブ、ページレイアウトを調整する「レイアウト」タブなど、文書編集に必要なさまざまなツールが含まれています。これらのタブやリボンの中のメニューを使いこなすことで、文書の見た目と構造を簡単に調整することができます。

3.1 Microsoft Word の基本操作

図3-3●Word 2024の基本画面

① **クイックアクセスツールバー**：よく使う機能のアイコンを常に表示しておける場所。設定でアイコンを変えることができる。

② **ファイル名**：その文書のファイル名が表示されている。新規に作った文書は「文書1」「文書2」……などと表示される。

③ **タブ**：Wordの大きな機能のくくり。

④ **リボン**：各タブの機能の中身。別のタブをクリックするとリボンの表示内容も変わる（「表示」タブを開くと、リボン自体を表示／非表示を切り替えるメニューがある。リボンを非表示にすると、その分だけ本文領域を広く使うことができる。）

⑤ **ナビゲーションウィンドウ**：本文の中に見出しを使って、章や節、項といったまとまりを作ると、各見出しが表示される。論文や書籍、長文のレポートなどを作った時には、全体の構成が見られたり、各章や節に飛ぶこともできる。また、全文検索をかけると、検索結果もこのナビゲーションウィンドウに表示される。

⑥ **本文領域**：Wordの最も基本の場所。ここに文を書いていく。図表などもここに挿入する。

⑦ **スクロールバー**：ここの色が変わっている部分を上下にドラッグするこ

とで、本文全体の必要な部分までスクロールアップ／ダウンすることができる。

⑧ **ステータスバー**：文章全体のページ数や、現在のページ、文字数（英文の場合は単語数）などが表示される。レポートで「何文字以内」とか「何文字以上」といった文字数指定がある場合などに便利。また、文章の途中を選ぶと選んだ部分の文字数も表示される。

　次図に示すのはMicrosoft 365のWordの画面です。基本的に画面構成は2024と変わりませんが、「エディタ」メニューが追加されていて、AIによる文法チェックや表現の推敲などの機能が利用できます。また、有料のCopilot+を契約していれば、ここにさらにCopilotのアイコンが追加され、シームレスにオフィスの中で文の生成などを行えるようになります（詳細は第7章参照）。

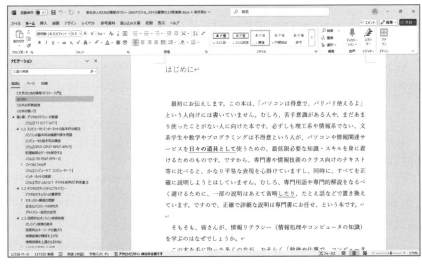

図3-4●Microsoft 365のWordの画面（2025年1月現在）

◆文書の作成と編集

　新しい文書を作成するには、Wordのスタート画面で「新規作成」を選び、空白の文書を開始します。文書内でテキストを入力するには、本文領域の中

3.1　Microsoft Wordの基本操作　　75

で文書を書き始めたい場所をクリックして、カーソルを置き、タイピングを開始します。既存のテキストを編集する場合は、編集したい場所をクリックしてカーソルを置き、そこでタイプをすることで文字を挿入することができます。また、既存のテキストを選択し、リボンのオプションを使用してフォントやスタイルを変更したりすることもできます。

文書の再利用

　一旦自分で使いやすいレイアウトを作ったら、毎回新たに作り直すのではなく、以前作ったファイルを再利用する方が効率が良い場合があります。（よく使う書式を、Word の「テンプレート」という機能を使って保存しておくことも可能ですし、そちらが本来の方法ですが、テンプレートをいちいち切り替えるといった作業を考えると、自分が作成したファイルを上手に再利用する方が良い場合もあります。）

　例えば、学校や大学でのレポートの書式や、会社での議事録など決まった書式を使いたい場合、一度作って保存したファイルをコピーして別名にしてから開き、中身の不要部分を消したり修正して使うと効率良く作業ができます。ただし、再利用する場合は、前の不要な情報が残っていないかどうか、十分に注意が必要です。例えば、毎月の月報を再利用して作るのであれば、月の名前が間違えていないか、その中で出てくる日付や書いてあることが前のままになっていないか、などという所を必ずチェックしましょう。

　また、うっかりファイルのコピーをせずに前の文書をそのまま開いて編集してしまい、大切な記録を消してしまったりすることがないように注意しましょう。

◆ファイルの保存

　文書の保存は、作業を失わないための重要なステップです。ファイルメニューから「名前を付けて保存」（または「コピーを保存」）を選び、文書を保存する場所とファイル名を指定します。Word 文書は、ローカルのハードドライブ（HDD、SSD）の他、外部ハードドライブや、OneDrive や Google Drive などのクラウドサービスにも保存できます。（クラウドへの保存についての詳細は、3.3 節「効果的な文書管理の方法」の中の「バックアップとクラウドの利用」を参照してください。）

謎の四角いマーク？

Word やそのほかのソフトウェアでは、右図のように角が 1 か所削れたような正方形のアイコンがあることがあります。これは、「保存」の意味なのですが、この謎の四角いものはなんでしょうか。

これは、フロッピーディスクといって、1980 年代〜 90 年代に主流だった、磁気を使ったデータを保存するための装置でした。大きなものでは、8 インチ、それから 5 インチや 3.5 インチといったサイズのものが主流になり、やがて、USB メモリーなどに置き換わりました。しかし、いまだに「記録する」＝「保存、セーブ」のアイコンはフロッピーなのです。

なお、中に入れられるデータの量は、約 1 〜 2MB（メガバイト）程度。今や品質の良いスマホのカメラで高画質の写真を撮ると、1 枚の写真のサイズが普通でも数 MB になりますから、写真 1 枚すら入りません。私たちが今、普段目にする単位 1GB（ギガバイト）は、約 1 千 MB ですから、私たちのスマホのメモリー容量が 64GB だとすると、フロッピーディスク 5 万枚分くらいのデータ量が入っていることになります。積み上げると、フロッピーディスク 1 枚が約 2mm 弱で、大体 90m 〜 100m という高さになります。

3.1 Microsoft Word の基本操作

Microsoft Word の基本操作を理解し、使いこなすことは、学生生活や職場での文書作成において非常に役立ちます[1]。この節で学んだスキルを活用して、見た目がきちんとした文書を効率よく作成しましょう。次節では、文書作成に必要なテクニックやスタイルを学びます。

3.2　文書作成のテクニックとスタイル

◆文書作成の目的を明確にする

　文書を作成する際には、**誰に向けたものか、何を伝えたいのか**を明確にすることが重要です。例えば、

- レポート → 読み手：教員、目的：課題の提出による学力の提示
- 論文 → 読み手：査読者や研究者、目的：研究成果の共有
- チラシ → 読み手：消費者や顧客、目的：商品の広告やイベントの告知
- 報告書 → 読み手：上司やクライアント、目的：進捗や結果の共有
- プレゼン資料 → 読み手：会議の参加者、目的：提案や情報の説明
- 依頼文書 → 読み手：取引先や同僚、目的：具体的なアクションの依頼

　このように、さまざまな文書・書類が考えられます。そして、個々の文書のタイプによってスタイルと形式が異なります。文書の新規作成時に、目的に応じて適切なテンプレートを選び、内容を作っていくことで、効果的な文書を作成することができます。

　例えば、Office 2024 では、新規の文章を作成する時は、「ファイル」タブから「新規」を選ぶと、何にもない白紙の他に、次のような「報告書」「学生レポート」「履歴書」など、さまざまなテンプレートを選ぶ画面が出てきます。

---

[1]　Word は非常に機能が多いので、Word の使い方だけで 1 冊の本が書けるほどです。ただ、簡単な使い方はネットにたくさん出ているので、例えば、「Word 基本的な使い方」「Word2024 入門」「Word365 初心者 使い方」といった言葉でネット検索をし、わかりやすそうな Web ページを見つけて一通り見てみると良いでしょう。検索の際には、自分が使っている Word のバージョン（Word 2021、Word 2024、Word 365 など）を入れると、そのバージョンに合った情報が得られます。ですが、多少前後のバージョンの解説を見ても、基本機能に大きな差はありません。

78　　　　　　　　　　　　　　　　　　　　　第 3 章　文書作成と管理の基本

（一部のテンプレートには、古いものもあり、現在はセキュリティ上の理由で動かないものも含まれているので注意が必要です。）

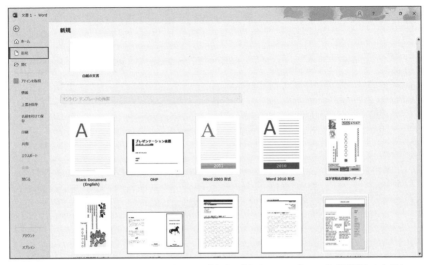

図3-5●Word 2024の新規文書作成画面（さまざまなテンプレートが選択できる）

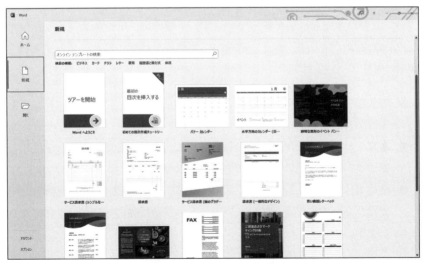

図3-6●Word 365（PC版）の新規文書作成画面（より豊富で新しいテンプレートが表示されている）

3.2 文書作成のテクニックとスタイル

図3-7●Word 365（タブレット用アプリ版）の新規文書作成画面

◆文章構成の基本

　良い文書は明確な構造を持っています。一般的に、ビジネス文書やオフィシャルな文は、導入部、本文、結論の三部構成を意識すると、読みやすい文が書けます。

- **導入部**では、文書の目的と読者に伝える意図や場合によっては結論を簡潔に紹介します。
- **本文**では、主題に関連する情報を詳細に説明し、適切な見出しを使用してセクションを分けると理解しやすくなります。
- **結論**では、文書の主要なポイントを要約し、論や主題の帰結を述べます。また、文の内容によっては、次のステップや行動の呼びかけを含めたりします。

　この三部構成の構造は、第2章で紹介したメールでも類似のものがありました。また、長文のレポートや論文などの場合は、全体的に、章立てとして

このような意識をして構成すると同時に、各章や各節の中もこのように意識して書くと良いでしょう。ただし、文書によって章立ては変わります。慣れてきたら、それぞれの文で必要な構成を自分で選び、文書を作成できるようになると良いでしょう。

◆一貫性のあるスタイルを保つ

　文書全体を読みやすくするには、フォントのスタイルとサイズの一貫性を保つことが重要です。タイトルは目立つように大きめのフォントサイズを選び、本文は読みやすいフォントで統一して使用しましょう。

　例えば、見出しは游ゴシック、本文は游明朝とし、見出しのフォントは章見出しが 12 pt（ポイント）、節見出しが 11 pt、本文が 10.5 pt などと決めて、一つの文の中では一貫性を保つと良いでしょう。

　なお、文書全体の見出しや本文のスタイルを簡単に一貫性を持たせるためには、Word の「スタイル」の機能が便利です。

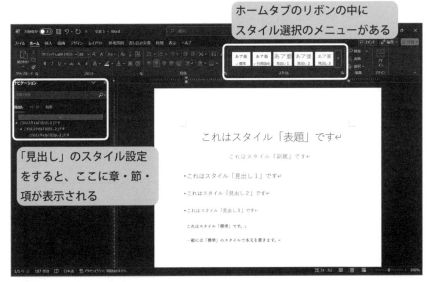

図3-8●Word 2024でのスタイルの選択と見出し。ホームタブのリボンの中の見出し選択メニューと、ナビゲーションに表示された章・節・項の部分（Word 2024ダークモード）

見出しと目次の活用

　長いレポートや報告書、あるいは論文や書籍といった、一定以上の長さの文章の場合は、章・節・項といった具合に文章を分け、それぞれに見出しを作るのが普通です。その見出しを、単にフォントを大きくしたりゴシック（太字）にしたりといったことではなく、Microsoft Word のスタイル機能を使って、例えば、章見出しは「見出し1」、節見出しは「見出し2」……というように設定しておくと、後で目次を作る時にとても便利です。

　もし、手作業で目次を作るのであれば、例えば、第1章の始まりは3ページ、第1章第1節も3ページ、第2節は5ページといったように、ページを確認しながら目次にページをつけていくことになります。

　しかしこの方法では、途中で修正が入ってページがずれると、それ以降の目次はすべて作り直しになってしまいます。私は、学生が卒業論文の提出ぎりぎりになって、間違いに気づいて修正をした結果、目次を作り直すことになって苦労した……などという状況を、何度も目にしています。

　しかし、Word には目次の自動作成というとても便利な機能がついています。これは、章・節の見出しを「本文」ではなく、それぞれ「見出し1」「見出し2」のスタイルに変更しておくと、後で、「参考資料」タブから「目次」を選ぶことで、あっという間に自動的に目次ができあがってしまいます。

　さらに、本文を修正したりしてページが変わっても、「目次の更新」を実行すれば目次のページ部分の数字だけ更新してくれます。

図3-9●目次の自動作成

　論文や長いレポート、何章にもわたるような報告書や書籍などを書く際には、この機能があることを思い出してください。

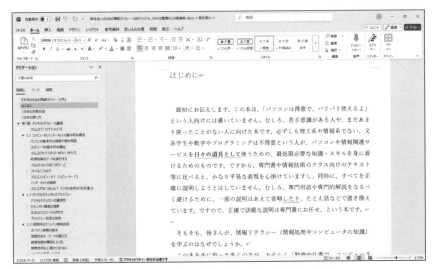

図3-10●実際にナビゲーションに表示された章や節の見出しの例

練習問題 3-1

見出しのスタイルの利用と、目次の作成の練習

　以下のように、「将来想像される情報社会について」という文章をWordで書いて、保存してみなさい（「……」以下は自分の考えで補ってください。内容を全部書き換えても良いとします）。その際には、必ず章と節を作り、章見出しと節見出しを見出しのスタイルで分け、その後で、目次を自動作成して、別名保存をしなさい。

====

表題：将来想像される情報社会についてのレポート

　　　　　　　　　　　　　　　　　　鈴木　一郎（253241）

序文　　（←「見出し1」や「章見出し」のスタイルにする）

　この文章は、今さまざまな情報技術やIT技術が急速に進化している中で、どのようなことが起きるかを、いくつかの場面を想定して書いてみるものである。（←「本文」または「標準」のスタイル）

3.2　文書作成のテクニックとスタイル

第1章　日常生活の場面　（←「見出し1」か「章見出し」）

第1節　日々の通勤（通学）（←「見出し2」か「節見出し」）

　毎日の通勤（通学）の場面でも、すでに情報技術はあちこちに使われている。例えば、自動改札がそうだ。自動改札は……

これがさらに便利になるには……

第2節　買い物の場面　（←「見出し2」か「節見出し」）

　日々の買い物でも、情報技術は使われている。例えば、バーコードによるキャッシュレス決済は、以下のような場所で使うことができる……

　これが、以下のようになれば、さらに便利になると思う。それは……

第2章　エンターテインメントや余暇の場面（←「見出し1」か「章見出し」）

第1節　動画視聴など

　今はYoutubeなどで簡単に動画を視聴することができる。その他にも、さまざまな動画配信サービスのサブスクライブをすることで動画を楽しむことができる。さらに今は、パソコンやスマホの画面ではなく、ヘッドギアをかぶることで、あたかも大画面が目の前にあったり、別の世界にいるような画像を楽しむことも可能になってきた。今後、さらにこれが発展するとしたら、例えば……

第2節　ゲームなど（←「見出し2」または「節見出し」）

　ゲームは、かなり以前からITの力が発揮されてきたエリアである。特にRPG（ロールプレイングゲーム）やシューティングゲームといった分野では、早くから3D化され、あたかも実際の世界を歩いているかのようなリアルな画面が提供されているものもある一方で、現実世界ではありえないような魔法や魔術の世界が繰り広げられたりしている。今後、さらに面白いゲームを作るのであればこんなものが考えられるだろう……

終わりに　（←「見出し1」または「章見出し」）

　以上のように、情報技術やITの技術の急速な発達に伴い、私たちの生活や

84　　　　　　　　第3章　文書作成と管理の基本

それをとりまく社会もどんどんと変化していくに違いない。……

◆視覚的（ビジュアル）な要素の活用

　文書には、テキストだけでなく、図表、写真、グラフを取り入れることで、視覚的に訴えかけて理解しやすい内容を作成できます。これらのビジュアルな要素は、説明を補助し情報を強調する役割を果たします。Word では、挿入タブから簡単にこれらの要素を追加し、ドラッグ＆ドロップで位置を調整することができます。

=================== 練習問題 3-2 ===================

　以下の手順に従って、「情報処理研究会のお知らせ」を作成しなさい。その際、やり方がわからなければ、問題に書いてある用語をヒントに検索をして調べなさい。

（1）Word で文章を打つ

　白紙の文書を一つ作り、そこに、以下の本文を打ちなさい。

　　　今年も、毎年恒例の情報処理研究会を行います。参加を希望する方は、下に記載してあるメールアドレスに参加希望の連絡をください。オンラインでの参加も可能です。
　　　例年、組織内の情報処理技術の向上に寄与していると感謝されています。
　　　今年も皆さんの積極的な参加をお待ちしております。

　なお、文字スタイルは「標準」を選択しなさい。
　参考として、打ち込み後の画面のイメージを次に示します。

3.2　文書作成のテクニックとスタイル　　　　　　　　85

(2) タイトルと日付などを追加する

（1）で作った本文の上下に次の画面のように行を追加しなさい。

また、本文も見やすいように改行を入れなさい。

さらに、タイトルはフォントを游ゴシックに変更し、フォントサイズを 18 pt（ポイント）にして、Bold（太字）にし、アンダーラインを引きなさい。

5月1日

新しい情報技術に興味がある皆さん

情報処理研究会のお知らせ

今年も、毎年恒例の情報処理研究会を行います。

本年のテーマは「AI と共に生きる」です。

参加を希望する方は、下に記載してあるメールアドレスに参加希望の連絡をください。オンラインでの参加も可能です。

例年、組織内の情報処理技術の向上に寄与していると感謝されています。今年も皆さんの積極的な参加をお待ちしています。

日時：6月1日(金)10時～12時

集合場所：A棟正面入り口・オーディトリアム前

持ち物：パソコン 又は タブレット、筆記用具

IT 推進部

代表：佐藤・高橋

連絡先：it-suishin@example.ac.jp

> この行は、フォントを「游ゴシック」の 18 pt にし、Bold（太字）、アンダーラインを付ける

> ここは練習問題 3-1 で作った文章。各行の間には、適当に改行を入れて読みやすくする。

3.2　文書作成のテクニックとスタイル　　　　87

(3) 文章全体のレイアウトを整える

「レイアウト」のタブから、「余白」を選び、「ユーザー設定の余白」で、上下左右とも、30mm に設定しなさい。

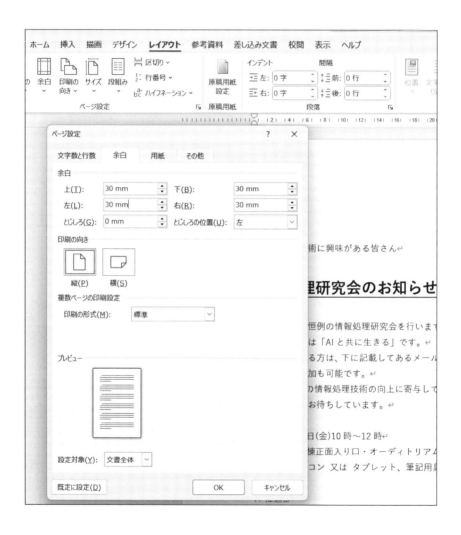

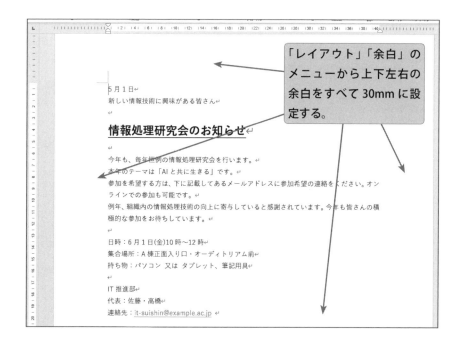

(4) 文の段落や行を整形して、文書全体を整える

- 次の図にあるように、1行目の日付は右揃えに、2行目の呼びかけは左揃えに、次のタイトル行は中央揃えにしなさい。(「ホーム」タブの「段落」にあります)
- その下の本文は1行目が段落(左1文字インデント)になるように設定しなさい。(「ホーム」タブ→「段落」の右下の小さな四角から段落の設定ウィンドウを出すと、インデントが調整できます。)
- 「日時」「集合場所」「持ち物」は、揃うように4文字で均等割り付けを行いなさい。また、その3行は5文字分のインデントを行いなさい。
- 文末の署名3行は、右揃えにしなさい。

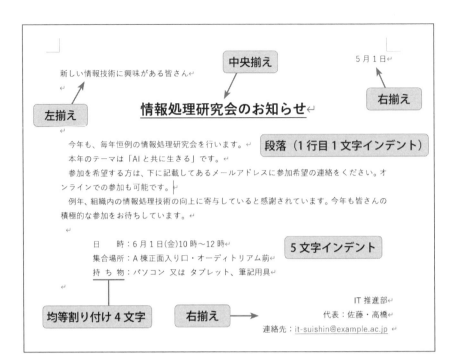

(5) 表の挿入

　日付〜持ち物の3行を、表に入れなさい（3行の文字列を選んで、「挿入」→「表」で、文字列を表に変換とすると簡単にできます。その際、区切り文字を「：」にすれば自動で、2列3行の表が作られるはずです）。

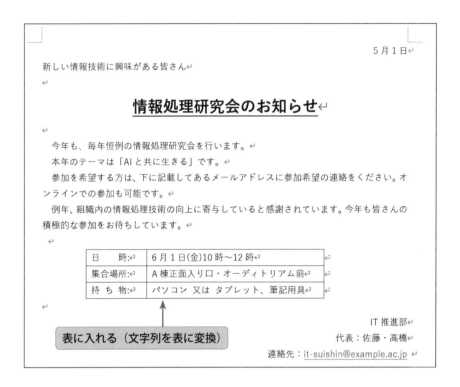

(6) オートシェイプを使って図形を描く

　オートシェイプの長方形を2つと、台形、楕円を使って、次の図にあるような図形を描きなさい。周囲の長方形と台形は塗りつぶしなし、グレーの部分は枠線なしで作成しなさい。（オートシェイプは、「挿入」タブの「図形」から選ぶことができます）

3.2　文書作成のテクニックとスタイル

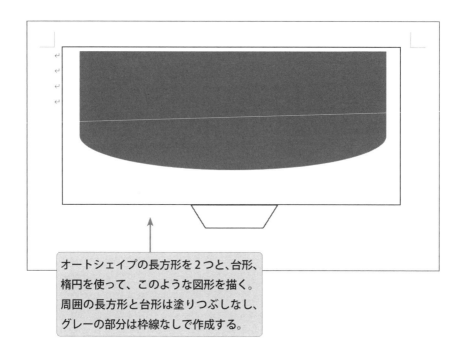

オートシェイプの長方形を2つと、台形、楕円を使って、このような図形を描く。周囲の長方形と台形は塗りつぶしなし、グレーの部分は枠線なしで作成する。

(7) 情報処理研究会の案内に地図を挿入して、完成させる
- (6)で作った図をグループ化してからコピーしなさい。
- (5)で作った案内の表と署名の間を改行で適宜あけて、そこに、コピーした図をペーストし、適当な大きさに調整しなさい。
- グレーの部分に「オーディトリアム」と、文字を挿入しなさい。
- 横書きテキストボックスを使って、「A棟1F」という文字を図形の中に入れなさい。
- オートシェイプの吹き出しを上手に使って、「正面入り口」と「集合場所」を指し示し（吹き出しの枠線なしの物を選び、塗りつぶしなしにするとできます）、案内を完成させなさい。

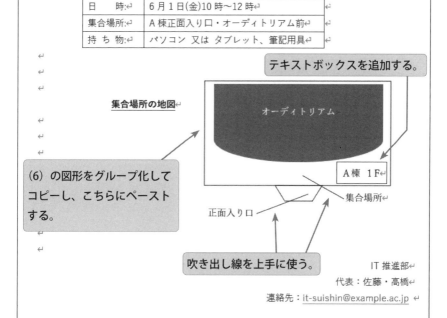

文書作成の基本テクニックとスタイルを理解すると、さまざまな種類の文書を上手に作成できるようになります。この章で学んだスキルを使えば、学業や職場で自信をもって文書作成ができます。次節では、作成した文書の管

理方法について紹介します。

3.3 効果的な文書管理の方法

◆**文書管理の重要性**

文書の整理が不十分だと、必要なファイルを見つけるのに時間がかかってしまいます。適切なフォルダ構造を作成し、ファイル名のルールを統一することで、スムーズに管理でき、必要な文書をすぐに見つけることができるようになります。これは、データの損失を防ぎ、さまざまな作業をスムーズに行うことに繋がります。

◆**フォルダ構造の整理**

文書が増えてくると、フォルダ内での整理が重要になってきます。その時には、目的ごとやプロジェクトごとにフォルダを分け、例えば、以下のような階層構造を作って整理すると便利です。

Windows では、一般的に「ドキュメント」というフォルダがあり、そこに作成した文書などのファイルは保存されます。しかし、そこにファイルが増えてくるとわからなくなるので、サブフォルダを作って整理します。例えば、「仕事関連」とか「授業資料」というフォルダを作り、その中に授業名のフォルダ（「情報処理演習」「社会調査法」「英語Ⅰ」など）を作り、その中にさらに、

「授業レジュメ」「レポート」といったフォルダを作って管理するといったようにするわけです。

　なお、ビジネスで使う場合には、プロジェクトや担当業務ごとにフォルダを分けておくと整理がしやすいでしょう。

◆ファイル命名規則の設定

　文書を効率的に管理するためには、一貫性のあるファイル命名規則を決めることが重要です。ファイル名には、文書の内容を示すキーワード、作成日かバージョン番号などを含めると後でどのファイルが最新版かといったこともわかりやすくなります。以下はファイル名の良い例と悪い例です。

良い例	悪い例
2024-04-15_報告書.docx	新しい文書.docx
企画書_プロジェクトA_v2.docx	プロジェクトA(修正).docx

　例えば、「2025年度_会議報告書_v2.docx」というようなファイル名を付ければ文書の内容とバージョンが一目でわかり、文書を探す時間を節約できます。また、共同作業の場合には、必要に応じてファイル名の後に作成者や修正者がわかるようにしておくことも一つの方法です。

ファイル名の命名規則の習慣と拡張子

　ファイル名には、命名規則を作ることが大切だと本文で書きました。もちろん、一般に個人のファイルであれば自分だけが解る命名規則で良いのですが、他人に渡すファイルの場合は、相手にもわかりやすい名前である必要があります。

　例えば、私の授業の提出課題のファイルの場合に、「大間先生授業課題提出.docx」などというファイル名を付けられても、私は困ります。私が知りたいのは、「私の授業の課題である」ということではなくて、「何の授業で誰が提出したのか」ということです。ですから、私の授業の場合は、一貫して、授業名、課題番号、氏名、学生IDをファイル名に付けるようにと指示をしています。例えば、「情報処理演習_課題3_佐藤一郎（281237）.docx」といったようにです。

3.3　効果的な文書管理の方法

なお、ファイル名の例についている「_」という記号は、アンダーバー（または、アンダースコア）と呼ばれ、ファイル名の意味の区切りによく使われる記号です。上記の例では、「情報処理演習」という授業名と「課題 3」という課題番号の間や、課題番号と氏名の間につけています。実は、今の Windows では、「情報処理演習　課題 3　佐藤一郎（281237）.docx」というように空白（スペース）を入れても大丈夫です。しかし、古いシステムではファイル名にスペースを入れることができませんでした。そして、Windows から送ったファイルでも、相手は Windows で受け取ってくれるとは限りません。ですから、昔の習慣にしたがって、より安全なアンダーバーを使うことが多いのです。

　さらに、良く見るとファイル名のうしろに「.docx」というものがついています。それは「拡張子（エクステンション）」と呼ばれるもので、Windows では、この拡張子によってこれが何のアプリのファイルかを、システムが見分けています。逆に言うと、「.docx」という拡張子がついているファイルをダブルクリックすると、Windows が Word のファイルであると判断して、自動で Word が開きます。代表的なものとしては、表計算ソフト Excel のファイルの拡張子「.xlsx」や、プレゼンテーションソフト PowerPoint のファイルの拡張子の「.pptx」があります。その他にも、例えば写真などのイメージファイルの「.jpg」や「.png」、音楽ファイルの「.aac」や「.mp3」、ビデオの「.mov」や「.mp4」といった拡張子があります。

　しかし、もしかすると皆さんのパソコンでファイルを表示しても、「○○○○.docx」とか「△△△△.xlsx」といった拡張子はなくて、ただ「○○○○」とか「△△△△」とだけしか見えないようになっているかもしれません。これは、最近の Windows では、最初はあえてユーザーが意識しなくても良いように、Windows に登録されている拡張子を表示しない設定になっているからです。ただ、それだとファイル名だけで何のファイルかわからないので、私は、設定を変更して拡張子は必ず表示することを推奨しています。

　設定の変更方法は、以下のようにファイルやフォルダを表示しているエクスプローラーの「表示」メニューからさらに「表示」を選んで、「ファイル名拡張子」にチェックを入れると、拡張子が表示されるようになります（Windows 11 の場合）。

図3-11●ファイル名拡張子の表示設定

◆ファイルの安全な保存とクラウドの利用

　文書を安全に保管するためには、定期的なバックアップが不可欠です。**外部ハードドライブ**や **USB ドライブ**に大切な文書ファイルをコピーしておく（バックアップを取る）ことで、コンピュータの故障やデータ損失のリスクから文書を守ることができます。

> **呼吸をするように Ctrl + S を押す**
>
> 　作業中のファイルを適切に保存することが大切であることは、本文中でも述べたとおりです。最近の Office ソフトでは、作業途中で数分毎に自動で保存される設定になっていることがあります。しかし、やはり作業の一区切りごとに「上書き保存」をする習慣は身に着けたいものです。上書き保存は、「ファイル」タブからメニューを選ぶこともできますし、フロッピーディスクの形をした「保存」アイコンをクリックすることでもできます。また、「Ctrl(コントロー

3.3　効果的な文書管理の方法

ル）」キーと、「S」キーを同時に押す操作（「Ctrl + S」と書きます）をすることでも、瞬間的に行うことができます。そのように、適切に保存をしておかないと、突然何かの不具合でパソコンが止まってしまったり、あるいは Word や Excel といったソフトが反応しなくなってしまった（「ハング」といいます）場合に、最後に行っていた作業（最後に書いた文や、修正項目）がすべて無に帰してしまうかもしれないからです。

　ある直木賞作家は、「先生が小説を書く時に、何かコツはありますか？」とインタビューで訊かれて、「呼吸をするように Ctrl + S を押すことです」と答えたそうです。仕事でパソコンを使う人にとって、定期的に作業途中のファイルを「保存」することは、それくらい大切なことなのです。

　また、前述のように、ファイルをクラウドストレージに保存することもできます。クラウドとは、インターネット上にあるストレージのことで、通常パソコン本体にある特定のフォルダにファイルを入れると、そのコピーを自動的にネット上にも保存してくれるサービスです。ネット上に保存してあるので、パソコンが故障しても、大切なファイルを失う危険が少なくなります。

　また、家と会社や学校で別のパソコンを使っていても、ネットが繋がっていれば最新の同じファイルにアクセスすることもできますし、タブレットやスマホにアプリを入れておけば、家ではパソコンを使い、外出先ではタブレットやスマホからファイルにアクセスすることも可能です。

　また、チームで同じファイルにアクセスすることで共同作業もできます。有名なクラウドストレージとしては、Dropbox や Google Drive、Apple 社が提供している iCloud（Mac や iPad、iPhone と相性が良い）、そして Microsoft が提供する OneDrive などがあります。Windows ユーザーなら OneDrive、Mac ユーザーなら iCloud が最初から提供されていますからすぐ使えますが、逆に特定の会社のシステムに縛られることになります。それが嫌な場合は、明示的に OneDrive の機能を限定したりオフにして、Dropbox などを使うのも一つの選択肢です。OneDrive の注意点については、コラムを参照してください。

Windows PC で OneDrive を使うときの注意点と対処法

　最近の Windows PC では、購入時から OneDrive という Microsoft が提供しているクラウドの機能が自動的にオンになっており、文書や画像がクラウドに保存される仕組みになっています。OneDrive は便利なクラウドストレージサービスですが、注意が必要な点もあります。ここでは、OneDrive を使うときのポイントと、使いたくない場合の対処法を解説します。

1. OneDrive を使うときの注意点
ストレージ容量に注意

　無料で利用できる容量は 5GB までです。それを超えると、追加料金が発生します。クラウドストレージを提供している会社のほとんどは、これと同じ戦略をとっています。つまり、最初に適当な大きさのストレージを無料で提供しておき、使い慣れたころにはストレージが容量オーバーになって、有料版を使わなくてはならなくなってしまう仕組みです。そのころになってクラウドの設定をし直すのも面倒と感じたら、結局、月額や年額でいくらという有料版の利用料を払い続けることになってしまいます。ですから、最初にいくつかのクラウドストレージを試してみて、使いやすいものを選ぶようにしましょう。そして、無料で使い続けたいのであれば、ストレージの空き容量を定期的に確認し、大容量のファイルは必要に応じてローカル（パソコン内）に保存するようにしましょう。

インターネット接続が必要

　OneDrive はクラウドサービスなので、インターネット接続がないとファイルにアクセスできない場合があります。特に外出先での作業には注意が必要です。

プライバシーとセキュリティ

　クラウドに保存したファイルはインターネットを介してアクセスされるため、アカウントのセキュリティ設定をしっかり行いましょう。二段階認証（多要素認証）を有効にすることで、不正アクセスを防ぐことができます。

2. OneDrive を使いたくない場合の対処法
自動保存をオフにする

　文書や画像が OneDrive に保存される設定は、変更することが可能です。
　スタートメニューから「設定」を開き、「アカウント」→「Windows バックアップ」を選択します。

「同期の設定」で、自動保存の対象をパソコンのローカルストレージに変更できます。

OneDrive を無効化する

OneDrive を完全に使いたくない場合は、パソコン側 Windows の設定で無効化することもできます。ただし、無効化するとクラウドへの同期ができなくなるため、慎重に検討してください。

代替の保存場所を活用

前述のように、Microsoft に依存しない Dropbox や Google などのクラウドやパソコン内のローカルストレージや外付けハードディスク、SSD、USB メモリーなどを使用することで、特定のクラウドに依存せずにファイルを管理できます。

まとめ

OneDrive は便利な反面、ストレージ容量などへの配慮が必要です。自動保存の設定を見直し、自分にとって最適な保存方法を選ぶことで、安心してパソコンを利用できます。必要以上にクラウドを使いたくない場合は、ローカルストレージの活用や設定変更を行い、突然有料版を買わなくてはならなくなるといったトラブルを防ぎましょう。

効果的な文書管理技術を身につけることは、大学生活や職業生活において極めて重要です。この章で学んだ方法を活用して、文書の整理と管理を効率的に行い、作業の生産性を高めましょう。

　章の扉にも書いたように、Wordなどのワープロソフトは、事務作業をするにあたって、もっとも基本的なペンとノートのようなソフトウェアです。実際のペンと同様、いや、ペンを使うよりワープロソフトの方がずっと便利で速いと感じられるくらい、ワープロソフトを基本的な文具のように使いこなせるようになってください。
　日々のメモを作るような時にも、ワープロソフトをちょっと立ち上げて使うようにしていると、すぐに使い慣れて自分にとっての「道具」になります。

═══════════　練習問題 3-3　═══════════

　Wordを用いて、あなたが好きなもの（趣味や好きな料理・店・食べ物・推しのアイドルやキャラクターなどなんでもよいです）について説明する文章を作りなさい。文章ができたら、適宜、説明をするための図などを挿入して、あなたの好きなものを説明するための資料を作成してみなさい。（ここで作った成果物は、のちに第6章でも使います。）

第**4**章

スプレッドシートの使い方

　前章では、事務作業の最も基本的な文具である、ペンとノートに相当するワープロソフトについて学びました。実際の事務作業では、ペンとノートの次によく使うのは、電卓と帳簿ではないでしょうか。

　この章では、電卓と帳簿や計算ノートのように、計算をするためのソフトウェア「表計算ソフト（スプレッドシート）」について学びます。

　スプレッドシートは、当初は単純に表の数値を合計したり、平均を出したりする程度でしたが、今は非常に多機能になり、表の中の数値（データ）を元にグラフを描いたり、分析をすることもできます。また、「表」であることを利用して、顧客名簿や、売り上げ一覧、学生の成績表といった、従来紙に手書きで表にしていたデータを保存し、条件に合うデータを一瞬で見つけ出すような「データベース」の機能ももっています。

　スプレッドシートの代表的なものとして、Microsoft Excel や、Google スプレッドシート（Google Sheets）がありますが、どちらも基本的な機能は同じです。

4.1　Excel の基礎

◆ Excel とは

　Microsoft Excel は、数値データの整理や計算、分析を行うためのソフトウェアです。ワープロソフト（Word）とは異なり、表の中にあるマス目「セル」を使ってデータを入力・処理します。この節では、Excel の基本的な使い方と、表を使った日常的な作業をするための基礎知識を学びます。

スプレッドシート（表計算ソフト）とは

　「スプレッドシート（表計算ソフト）[※1]」とは、大きな紙にマス目（セル）がたくさん並んでいる「表」を、コンピュータ上で扱えるようにしたようなツールのことです。

　前章で、Word のようなワープロソフトは、ペンとノートのような文を書く基本的な文具のようなツールと言いました。それに対し、Excel のようなスプレッドシート（表計算ソフト）は、いわば電卓と計算ノートや帳簿のように、事務仕事での計算やデータの整理をするための文具のようなツールと言えるでしょう。

　もう少し詳しくたとえを使って説明すると、以下のようなイメージが解りやすいのではないでしょうか。

（1）パソコンの中にあるデジタル的な「マス目がたくさんあるノート」

　マス目（セル）が縦横にたくさん並んだノートを想像してください。このマス目に数値や文字などの情報を書き込むことで、たくさんのデータを整理することができます。

　例えば、小遣い帳で毎日の出費を記録している人であれば、表の左端の列に上から 1 日〜 31 日の「日」を書き、表の上端の行に 1 月〜 12 月の「月」を

[※1]　「表計算ソフト」（表計算ソフトウェア）は、スプレッドシートを作成、編集、および管理するためのアプリケーション全般を指します。例えば、Microsoft Excel、Google Sheets（Google スプレッドシート）、Apple Numbers などがこれに該当します。スプレッドシートは、その表計算ソフト内で使われるシート自体を指します。いわばデータを入力し、計算や分析を行うためのシート（ページ）で、Excel でいう「ワークシート」がこれにあたります。ただ、現在は、クラウドでのサービスも多く、ソフトとシートの区別が曖昧になっているために、この本では、「スプレッドシート（表計算ソフト）」と表記しています。

104　　　　　　　　　　　　　　　　　　　第 4 章　スプレッドシートの使い方

書いて、○月○日のところにその日の支出を書けば、小遣い帳として毎日の出費の管理をすることができます。また、自分で株を持っている人であれば、表の左端の列に自分が持っている株の銘柄を書いて、表の上端の行に日付を書くことで、毎日の株の値動きを記録することができます。

（2）計算が自動でできる機能

　通常、紙のノートに書いた数字から合計や平均を出すには、自分で電卓などを使って計算する必要がありますが、スプレッドシートではそのマスに「この列の数字を全部足してね」といった指示（関数）を書き込むと、コンピュータが代わりに計算してくれます。数が増えても、変更があっても、自動で計算を更新してくれるため、時間と手間を大幅に省けます。

　前述の小遣い帳の例であれば、ただ記録するだけではなくて、表の一番下端に「この列の上の数字を全部合計してね」といった指示を書き込んでおくことで、その月の支出の合計を一瞬で計算できます。毎日支出を記録しているのであれば、ひと月の月末までの記入を待たなくても、月中の日に記入したら、その日までの合計を表示してくれるので、その日までの月の支出が一目で分かります。また、月の支出の合計だけではなくて、毎日の支出の平均値といったものも簡単に計算できます。

（3）データの見やすい管理・分析

　列や行を使って、例えば「日付」「商品名」「売上金額」のように情報を整理できます。また、数が多くなったときには並べ替えたり、条件に合うデータだけを抽出したりして、必要な情報を見つけやすくする、帳簿の機能があります。また、計算を伴わない、単に整理するための表として使うことも可能なので、従業員名簿やサークルのメンバー表、あるいは顧客名簿なども作ることができます。各行にはそれぞれの人が、そして各列には、「社員番号」「氏名」「所属部署」「メールアドレス」「電話番号」「住所」といった情報などを入れておくことができます。

（4）グラフでわかりやすく可視化

　単なる数字の集まりはわかりにくいことが多いですが、スプレッドシートはグラフやチャートを簡単に作成できます。データをグラフ化することで、数字の変化や傾向を一目で理解しやすくなります。

　例えば、先ほど（1）で例示した「自分が持っている株の銘柄の毎日の株価の表」から、それぞれの銘柄の値動きを折れ線グラフ化して可視化するといったことが可能です。それも、表のどの範囲で、どちらを横軸にどちらを縦軸に

してグラフの種類（折れ線グラフなのか、円グラフなのか、棒グラフなのか）を指定するだけで一瞬でグラフができあがります。

　まとめると、スプレッドシートとは「数字やデータを整理し、計算や分析を自動化して、わかりやすく表示するためのコンピュータ上の便利な計算ノート」です。このツールを使うと、たくさんのデータや数字を扱うときに大変便利です。

◆ Excel のインターフェース

　Microsoft Excel（や、Google Sheets のようなスプレッドシートソフト）を開くと、多数のセル（マス目）が格子状に並んでいるワークシートが表示されます。各セルにはデータを入力でき、セルを組み合わせて計算を行わせるための命令である「関数」を書き込んで計算をすることができます。Word 同様、画面上部の「リボン」には、データの編集や書式設定、グラフの挿入などを行うためのさまざまな機能を実行するアイコンがあり、それぞれの機能のグループごとにタブで整理されています。

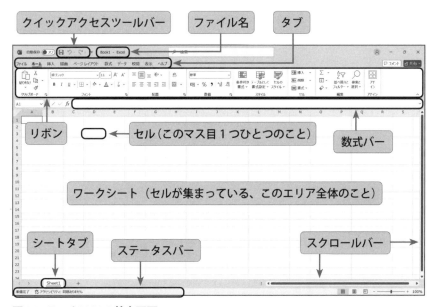

図4-1● Excel 2024の基本画面

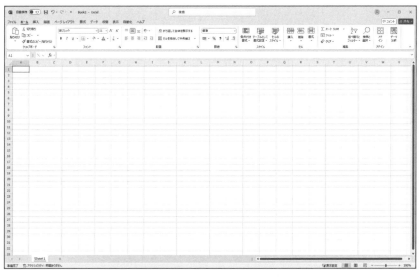

図 4-2 ● Excel 365 の基本画面（2024 と大きくは変わらないが、リボンの右端に「データ分析」のアイコンがある。第 7 章で説明）

4.1　Excel の基礎

◆ 「列」「行」とセルの名前の呼び方

　Excel では、縦を「列」、横を「行」と呼びます。例えば、左端は A 列ですし、その右隣は B 列です。また、上端は 1 行で、2 段目が 2 行です。セルは、その列と行の名前をつなげて言います。なので左端の一番上のセルは A1 セルで、その下は A2、そのさらに下は A3……であり、A1 の右は B1、その次は C1 となります。セルを呼ぶのには、このようにアルファベットと数字の組み合わせで、「列」と「行」を表す名前で呼んでいきます。

◆基本的な操作

- **データの入力：**入力したいセルをクリックして選択し、データを直接入力します。Enter キーを押すと、次のセルに移動します。
- **計算式の使用：**計算を自動化するためには、式を使用します。例えば、セル A1 とセル B1 を合計するには、A1、B1 以外の新しいセル（例えば C1）に「=A1+B1」と入力します（A1 と B1 はすでにデータが入っているセルを指します）。
- **関数の使用：**さらに、式だけでなくて、「関数」という、データを操作したり分析するための助手のような仕組みも用意されています。基本的なところでは、SUM（合計）、AVERAGE（平均）、MAX（最大値）、MIN（最小値）などがあり、計算式と同様に、セルに = に続けて関数を入力します。例えば、あるセルにセル A1 〜 A31 までを合計を表示させたい場合は、「=SUM(A1:A31)」と入力すると、そのセルに合計値が表示されます。この時 SUM という関数を使って「A1 〜 A31 までに入っている値を合計しなさい」という命令をしたことになります。同様に「平均値を出しなさい」とか「最大値を出しなさい」といったようなこともできます。
- **セルの選択：**セルの値を計算する時は、セルを「選択」する必要があります。具体的には、1 つのセルを選択するにはそのセルをクリックします。そうすると、選ばれたセルの周りに緑色の枠が付きます。また、ある範囲のセルを選択するには、1 つのセルをクリックしてそのまま選びたい範囲にマウスをドラッグします。例えば、次の画面は、E1 の「4 月」から H1 の「7 月」までの連続した範囲を選択した様子です。選択した範囲全体の周りが緑色の枠になり、最初に選択したセル以外の選択され

ているセルは、背景がグレーになります。

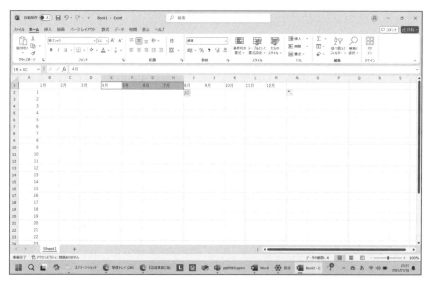

図4-3●Excel 2024で、一定の連続した範囲のセルを選択したところ

　さらに、飛び飛びのセルを選択するには、Ctrl を押しながら、選びたいセルをクリックしていくことで、範囲が飛んだ複数のセルを選ぶこともできます。

　次の画面では、左端の列の A4「3」日と A11「10」日と A18「17」日のセルを選択したところです。

4.1　Excel の基礎

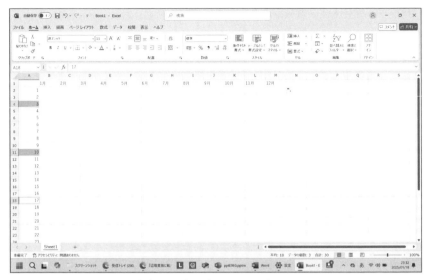

図4-4●Excel 2024で、不連続の飛び飛びのセルを選択したところ

◆データの整理と書式設定

　データを見やすく整理するために、列や行の幅を調整したり、フォントや色を変更する書式設定を行います。これは「セルの書式設定」というメニューから行います。中でも、特に、データの「表示形式」はよく使います。そのセルに書かれているデータが文字列なのか、数字なのか、貨幣なのか、時間なのかなどによって、表示形式を選ぶ必要があるのです（※コラム参照）。

　また、書式で特定のセルに色を塗ることもできるのですが、その時に「条件付き書式」を使用して、特定の条件に基づいたセルの色を自動で変えることができます。これにより、データの傾向や異常値を一目で識別するのに役立ちます。例えば、クラスの生徒のテストの点の一覧を入力してあるシートがあったとして、60点未満のセルは赤に塗るといったことができます。あるいは、社員の毎日の時間外労働時間を管理している表があったとして、合計が80時間を超えると色が付くといったことで注意を促す、といったような使い方ができます。

セルの「表示形式」

　セルの中にある数字は、時としてさまざまな意味を持っていることがあります。例えば、あるセルに「6000」という数字が入っていたとします。それは、もしかすると暗証番号のように単に「6」と「0」が3つという文字の羅列（文字列）に過ぎないかもしれません。あるいは、6千というただの数かもしれません。数であるにしても、表示としては、もしかすると「6000」ではなくて「6,000」と千の桁にカンマが入ったほうが見やすいかもしれません。もしくは、通貨で、頭に「¥」マークを付けて「¥6,000」と表示した方がいいのかもしれません。また、実は時間で「60″00」といった60秒というタイムを示したいのかもしれませんし、「60:00」という60時間を表したいのかもしれません。このように、単に「6000」という数字の列であっても、その意味によって表示方法や計算方法が変わってくることがあるのです。そのために、適切なセルの「表示形式」を選ぶ必要があります。

図4-5●セルの書式設定で「表示形式」を選び、数値の形式を選んでいるところ

4.1　Excel の基礎

═══════════════ 練習問題 4-1 ═══════════════

表示形式の変更

- 新しいシートの、A1 セルに半角数字で 250131 と記入しなさい。
- A1 セルを右クリックし、「セルの書式設定」から「表示形式」を選び、左側の分類のところを「標準」から「数値」や「会計」に変えると何が起きるか確認しなさい。また「通貨」のところで、記号を日本円以外に変更ができることを確認しなさい。

═══

◆シートの管理

ワークシートは一つのファイルに複数作成することが可能です（通常は一つの仕事で一つのファイルを作ります）。例えば、家計簿を作るのであれば、「家計簿.xlsx」というファイルの中に「2025 年 1 月」「2025 年 2 月」……というようにシートを分けていくと、毎月の家計をシートを分けて管理することができます。

新しいシートを追加したり、シート名を変更するには、シートの下部にあるタブを右クリックします。効率的な管理のためには、シートごとに内容を分類し、わかりやすい名前をつけることが重要です。

図4-6●Excel 2024の画面のシートタブの部分。シートにわかりやすく名前をつけてある。またタブを右クリックすることで、シートの操作ができる。

112　　　　　　　　　　　　　　　　　第 4 章　スプレッドシートの使い方

練習問題 4-2

シートの操作

- Excel を新しく開いて、何も記入されていないシートの状態にしなさい。
- A1 セルに自分の名前を記入してみなさい。
- シートタブ（「Sheet1」と記入されている部分）を右クリックし、「名前の変更」をして、シート名を「自分の名前」としなさい。
- シートタブを右クリックし「移動またはコピー」で「コピーを作成する」にチェックを入れた上でシートをコピーしなさい。シート名が「自分の名前 (2)」となっていることを確認し、シート名を別のものに変更しなさい。

◆ファイルの保存と整理

Excel でも Word 同様、データを失わないように、作業は適切に保存することが大切です。前述のように、最近の Office ソフトでは、一般には作業の途中でも自動的に保存されることが多いですが、やはり作業がひと段落したら必ず「上書き保存」をする習慣をつけると良いと思います。

Excel ファイルも、Word ファイル同様、適切な名前を付けて、適切なフォルダに整理して格納する習慣を身に付けてください。

Excel の基本を理解し、適切に活用すれば、学業や職場でのデータ管理やさまざまな計算の仕事の効率が格段に向上します。この章で紹介した基本操作をマスターすると、日々のタスクをより効率的かつ正確に処理できるようになります。次節では、データ入力と基本的な計算方法についてさらに詳しく学びます。

4.1　Excel の基礎

4.2 データ入力と基本的な計算方法

◆データ入力の基礎

　Excelでセルに情報（データ）を入力するには、まず入力したいセルをクリックし、数字や文字のデータを打ち込みます。例えば、予算表を作成する場合、各セルに費用の数字を入力します。また、（すでに前節の練習問題に出てきましたが）、連続したセルに、同じ値をコピーしたり、連続した値を次々に入力していく時には、いちいち入力しなくても簡単に、素早く入力することができる「オートフィル[※2]」という機能があります。具体的には、あるセルにデータを入力した後、そのセルの右下の角にカーソルを合わせると出現する小さな十字マーク（フィルハンドル）をドラッグすることで、同じデータや連続するデータを隣接するセルに自動で埋めることができます。例えば、セルA1に1を入力し、フィルハンドルを下にドラッグすると、A2以後のセルに全部1を入力することができます。また、A1には1をA2には2を入力してからその2つのセルを選び、A2のフィルハンドルを下にドラッグすると、A3以後は3、4、5……と連続した数字が入ります。これは数字だけではなくて、例えば、A1に「木曜日」と入力してフィルハンドルをドラッグすると、A2以後に「金曜日」「土曜日」「日曜日」「月曜日」……と入力されます。この「オートフィル」は大変便利なので、使えるようになってください。

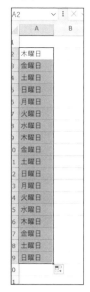

図4-7●オートフィルをして自動で曜日を埋めたところ

　また、オートフィルは、同じ列に縦に埋めていくだけではありません。次の画面では、右に埋めていく例です。B1とC1のセルに「1月」「2月」と入力した後で、「2月」と入力したC1のセルの右下にマウスを合わせて十字形

※2　オートフィルはとても便利ですが、文で説明されるより実際に見たほうがわかりやすいので、是非「オートフィル　説明動画」などで検索して、動画で見てみてから、あらためて、この後にある練習問題をやってみてください。

のフィルハンドルを出し、右に1セル分D1までドラッグしたところです。「3月」という入力候補が小さく表示されています。これを、M1セルまでドラッグすると、「4月」「5月」……「12月」まで、自動で記入してくれます。

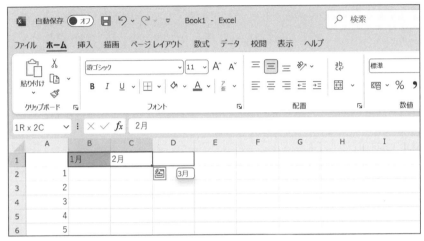

図4-8●Excel 2024でオートフィルを使っている様子

練習問題 4-3

Excelのオートフィル

- Excelを立ち上げ、空白のスプレッドシートのA2セルに半角の数字で「1」と入れ、A2セルの右下の角フィルハンドルを使って、オートフィル（詳しくは4章2節で説明します）で、A3セルから下に、1を連続して入力しなさい。
- 次にA3セルから下の部分で「1」が入っている部分を全部選択し、Deleteキーで中身を削除してから、A3に「2」を入れなさい。A2とA3の2つのセルを選んで、オートフィルでA4から下A32までに「1」から「31」の数字が自動で入力されることを確認しなさい。
- 次にB1セルに「4月」と入力し、オートフィルでC1からM1までを自動入力しなさい。
- ここまでできたら、適当なファイル名をつけて、保存しなさい。

◆基本的な計算の実行

Excel の大きな利点は、複雑な計算を素早く正確に行えることです。最も基本的な計算は、セルに直接計算式を入力して行います。前章でも簡単に紹介しましたが、計算式はイコール記号（=）で始まります。例えば、C1 セルに A1 セルと B1 セルの値を足した結果を表示したい場合は、C1 に「=A1+B1」と入力します。このようにして、足し算、引き算、掛け算、割り算などの基本的な算術演算を簡単に実行できます。

◆関数を利用した計算（SUM と AVERAGE を例に）

より効率的な計算のために、Excel は「関数」と呼ばれる特定のタスクを自動で実行する式を提供しています。例えば、ある範囲のセルの合計を求めるには SUM 関数を使います。具体的には、「=SUM(A1:A10)」と入力すれば、A1 から A10 までのセルの合計が計算されます。平均を求める場合はAVERAGE 関数が便利です。「=AVERAGE(A1:A10)」のように使用し、指定したセル範囲の平均値を得ることができます。

関数には、数字を扱う他にも文字列を扱うようなものもあります。例えば、文字列を 2 つ（以上）繋げたいときには、CONCAT という関数を使います。A1 に姓、B1 に名と別のセルに入っているものを C1 には「姓 名 様」のようにしたいとします。その時は、C1 に「=CONCAT(A1," ",B1,"様")」という式を書くと、姓と名の後に「様」を繋げた文字列が作れます。

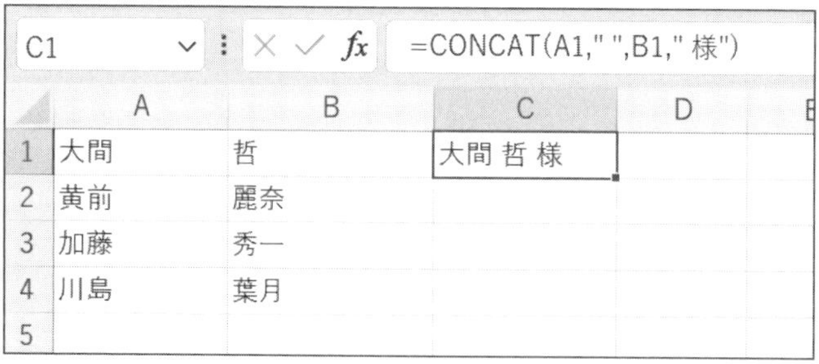

図4-9●C1セルに「=CONCAT(A1," ",B1,"様")」という式を入れたところ

なお、関数を書く時は、セルの番号はそのまま書きますが、そこに書き込

んだ文字列をそのまま表示させたいときは、「"」（ダブルクオーテーションマーク）で囲います。上の例だと A1 の次には半角の空白を繋ぎ、その次の B1 の次には「様」を繋いでいます。

　その他にも Excel には、日付や時間の計算をする関数や、データベースから条件に合うデータを探し出す関数、偏差値を計算する関数などさまざまな種類の関数があります。Excel の新しいバージョンが出ると、新しい関数が開発されたり、ごくたまに古い関数が使えなくなることもあります。ですから、すべての関数を暗記する必要はありません。やりたいことが決まったら、都度「Excel 関数 合計」とか「Excel 関数 文字列を繋げる」などといった検索ワードで検索をして、使い方を調べられるようになれば十分です。（Copilot など AI を使った検索では、「Excel の関数で文字列を扱う便利なものを教えてください」といった感じに、もっと自然に質問をして回答を得ることも可能です）

　Excel 2024 になって大きく変更になった機能はありません。ただ、新たにセルの中に画像を表示させるための「image」という関数が追加になりました。あまり日常的に使わないかもしれませんが、興味があったら、ネットなどで調べてみてください。

◆計算式のオートフィル

　「データ入力の基礎」で書いたように、Excel にはオートフィルという仕組みがあり、同じ値や連続した値などを自動で入力してくれます。また、オートフィルは、そのように同じ値をコピーしたり、連続した値を自動で入力するだけではありません。計算式もコピーしてくれるのです。

　前述のように、C1 に「=CONCAT(A1," ",B1,"様")」と式を入力したところで、C1 セルのフィルハンドルを下にドラッグすると、C2 には自動で「=CONCAT(A2," ",B2,"様")」という式が入力され、C3 には自動で「=CONCAT(A3," ",B3,"様")」という式が入力され、以下同様にオートフィルによって自動で入力されます。ここがすごい所で、C2 や C3 や C4 に C1 と全く同じ式がコピーされるわけではないのです。

4.2　データ入力と基本的な計算方法　　　　　　　　　　　　　　**117**

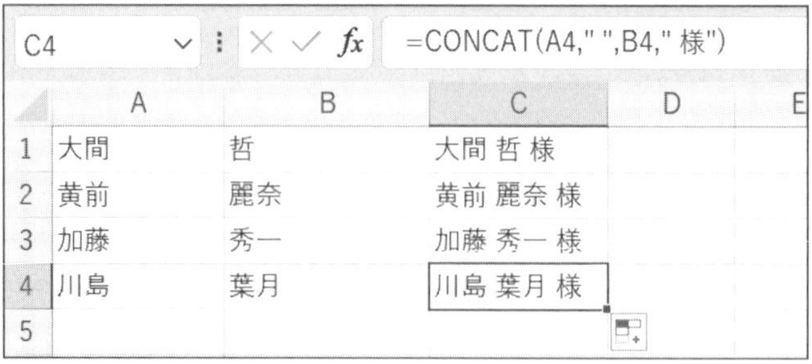

図4-10●C1セルからオートフィルでC2、C3、C4にコピーしたところ。式は参照したい先をきちんと指している（C4ではA4とB4を参照している）

　C1ではその左側2つのセルA1とB1を参照したかったわけですが、C2で参照したいのはA1とB1ではなくてC2の左隣2つのA2とB2です。確認すると、式の中もA2とB2になっています。C3も同様です。これによって、いちいち、C2やC3……に別の値の計算式を入力する必要はなくなり、とても効率良く作業ができます。このように計算式を入力しているセル（この場合、C1、C2、C3……）から見て、相対的に自分の左側2つのセルを参照する、といった場合は「相対参照」と言います。それに対して、自分が動いても常に不動の同じセルを参照したいという場合は「絶対参照」といいます（※詳細はコラム参照）。

セルの相対参照と絶対参照の仕組みを日常生活の例で考える

　Excelを使っていると、「相対参照」と「絶対参照」という言葉に出会います。この2つの概念を理解することは、Excelを便利に使うためにはとても重要です。ちょっと難しそうに感じるかもしれませんが、実は日常生活でもよく使うような概念なのです。日常生活でイメージできるように考えてみましょう。

相対参照とは

　まず、「相対参照」について考えましょう。Excelのセルに数式を入力すると、セルをオートフィルやコピー＆ペーストしたとき、その数式はコピー先のセルに合わせて参照先を自動的に調整します。つまり、例えば、C1セルに「=A1+B1」というそこのセルのすぐ左の2つのセルの合計を求める式を書いてあり、C1セルの数式をC2セルにコピー＆ペーストをすると、その式は「=A1+B1」ではなくて、自動的に「=A2+B2」となり、やはりすぐ左の2つのセルの合計を求

118　　　　　　　　　　第4章　スプレッドシートの使い方

める式になっているのです。

日常にたとえると：「近所の人との会話」

　例えば、あなたが今住んでいるマンションの部屋で右隣はBさん、そのさらに右にはCさんが住んでいるとします。そのマンションで、ある日「防災のお知らせ」という紙が回ってきました。そして、「防災のお知らせを右隣の家に回してください」と言われたらあなたはBさんにお知らせを回して、BさんはCさんに回すでしょう。この時「（自分の部屋の）右の1件隣」というのが「相対参照」の考え方です。参照先（回す先の家）は、基準地点（自分の部屋）が変わると一緒に変わります。

　Excelで、相対参照が「数式をコピーすると、自動的に新しいセルに合わせて参照先が変わる」という仕組みはこのような感じです。

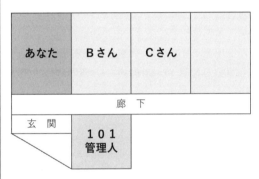

図4-11●相対参照と絶対参照をアパートの部屋に例える

絶対参照とは

　次に、「絶対参照」を見てみましょう。これは、数式をコピーやオートフィルをしても参照先が固定され、変わらないようにする仕組みです。セルの参照先を固定するには、セルの前に「$」マークを付けます（例：$A$1）。例えば、D20セルには基準値が入っていて、C1にはその左2つのセルの合計から基準値を引いた額を入れたいとします。そうすると、C1には「=A1+B1-D20」という数式を書きたくなりますよね。でも、それでその数式をC2にコピーすると「=A2+B2-D21」となって、D20に入っている基準値を参照してくれなくなってしまいます。その場合、最初のC1の数式を「=A1+B1-D20」としておくと、C2にコピーしてもD20の部分は動かないので、「=A2+B2-D20」となります。

日常にたとえると：防災の件の質問先の部屋

　例えば、「防災のお知らせ」が回ってきたときに、「防災に関しての質問は101号室に住んでいる管理人さんに聞いてください」と書いてあるとすると、ある人にとって101号室は「お向かいの部屋」かもしれないし、ある人にとっては「3軒左の部屋」かもしれません。ですので、その場合は「あなたの部屋から見て○件隣の方に聞いてください」などといってもうまく案内できません。その場合は、自分の部屋の位置に関係なく、101号室という「特定の住所」を基準に考えるのが絶対参照のイメージです。

　Excelでは、「絶対参照」を使うことで特定のセル（101号室のような固定された基準）を基準に計算を行うことができます。

どちらを使うといいのか

　相対参照は「セルごとに計算を変えたい場合」、絶対参照は「常に特定の値やセルを基準にした計算をしたい場合」に使います。例えば、商品の名前をA列に、本体価格（外税）をB列に入力したとします。そこに消費税率を掛けた税込み価格をC列に表示したい場合、税率がD1に書いてあるなら、C1には「＝本体価格＋本体価格×税率」なので、「=B2+B2*D1」と書けば良さそうに思えます。

C2		⋮ ✕ ✓ *fx*	=B2+B2*D1			
	A	B	C	D	E	F
1	商品名	本体価格	税込価格		8% ←税率	
2	キャベツ	300	324			
3	トマト	200				
4	レタス	250				
5	白菜	600				
6						
7						

図4-12●C1セルに「=B2+B2*D1」と書くとC2には税込み価格がきちんと表示される。

　しかし、C2の式をオートフィルでC3〜C5にコピーしても以下のようになって、C3以下には税込み価格が表示されません。

120　　　　　　　　　　　　　　　　第4章　スプレッドシートの使い方

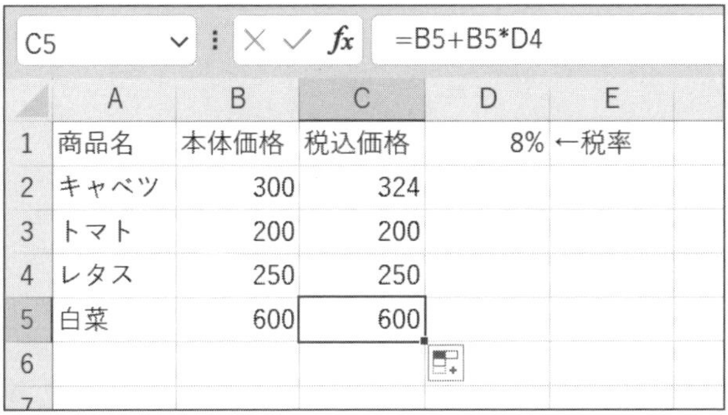

図4-13●C3セル以下にオートフィルで式をコピーしても、正しく税込み価格が計算されない。

　これは、C3セルで「税率」だと思って参照している先がD1ではなくてD2になってしまっているからです。そこで、正しくは、C2セルに式を入力する時に、税率の参照先をオートフィルでも動かないように、絶対参照で固定する式を書きます。つまりC2には「=B2+B2*D1」とするのです。

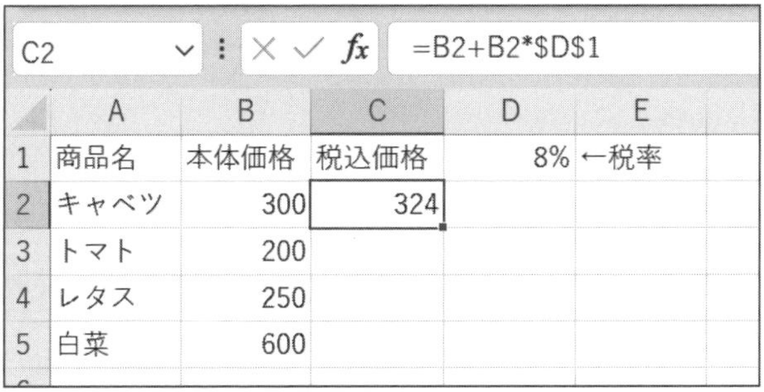

図4-14●C2セルに正しく絶対参照する式を入れたところ。

　こうすると、C3、C4、……にはC2の数式をそのままオートフィルでコピーすれば、それぞれのセルでも、税率の参照先はD1のままで、正しい税込み価格が表示されます。

4.2　データ入力と基本的な計算方法　　　　**121**

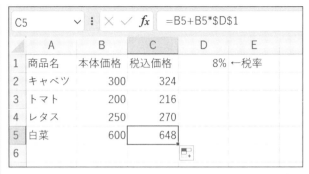

図4-15 ●オートフィルでC3〜C5にコピーしても、正しく税率を参照して、税込み価格が正しく表示されている。

まとめ

　相対参照は「基準が動く、○軒隣とか○軒先といった自分の部屋から見た先のこと」、絶対参照は「誰の部屋から見ても変わらない部屋番号」のように考えると良いでしょう。Excelでこれらを使い分けられるようになると、より効率的で柔軟な表計算ができるようになります。日常生活のたとえをイメージしながら、ぜひ練習してみてください。

練習問題 4-4

　Excelで相対参照と絶対参照に慣れるために以下の練習問題をやってみなさい。

　以下の図のように、B3の商品本体価格とC3の箱代（包装代）を合計して、それにE1の消費税率を掛けて、D3で消費税額を算出できるよう、D3の式を完成させなさい。その時、D3には「=(B3+C3)*E1」という式が入っており、きちんと消費税額が計算されていることを確認しなさい。さらに、E3には「=SUM(B3:D3)」として、B3〜D3までの金額を合計する式を入力して、E3に税込み価格が表示されることを確認しなさい。

D3		▽	⋮ × ✓ fx	=(B3+C3)*E1	
	A	B	C	D	E
1	商品の税込み価格の計算			消費税率→	10%
2	商品名	本体価格	包装代	消費税額	税込み価格
3	スーツA	20,000	400	2,040	22,440
4	スーツB				
5	スーツC				
6	ジャケットA				
7	ジャケットB				
8	ジャケットC				

　実は、この式は、この行だけでは問題がないのですが、次の行にコピーをすると問題が出てしまいます。それを確かめるために、まず、以下のようにB4 ～ B8 と、C4 ～ C8 に適当に金額を入力しなさい。

F9		▽	⋮ × ✓ fx			
	A	B	C	D	E	F
1	商品の税込み価格の計算			消費税率→	10%	
2	商品名	本体価格	包装代	消費税額	税込み価格	
3	スーツA	20,000	400	2,040	22,440	
4	スーツB	40,000	400			
5	スーツC	75,000	400			
6	ジャケットA	15,000	300			
7	ジャケットB	30,000	300			
8	ジャケットC	45,000	600			
9						

　その上で、D3 と E3 を連続で選択して、E3 セルの右下にあるフィルハンドルを使って D3 と E3 の内容をその下 5 列にコピーして、何が起きるか確認してみなさい。（#VALUE! と ##### というエラーが表示されるはずです）。

4.2　データ入力と基本的な計算方法　　　　　　　　　　　　　**123**

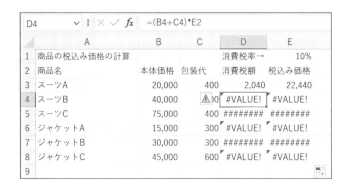

　なぜそうなったのかを、相対参照と絶対参照について復習しながら理由を考えなさい。（ヒント：D5以下の式がどうなっているか、確認をすると理由がわかります）。その上で、D4〜D8とE4〜E8の中身を消去してD3の式を正しく修正し、再度オートフィルを行って以下のような結果を得なさい。

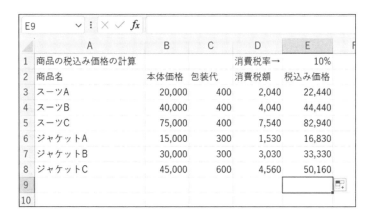

ヒント：D3の式は以下のように書けばいいはずです。よくわからなかった人は、最初に作った式とどこが違うか見比べてみなさい。

	A	B	C	D	E	F
1	商品の税込み価格の計算			消費税率→	10%	
2	商品名	本体価格	包装代	消費税額	税込み価格	
3	スーツA	20,000	400	2,040	22,440	
4	スーツB	40,000	400			
5	スーツC	75,000	400			
6	ジャケットA	15,000	300			
7	ジャケットB	30,000	300			
8	ジャケットC	45,000	600			
9						

D3　＝(B3+C3)*E1

◆エラーのチェックとトラブルシューティング

データ入力や計算をするとき、エラーが発生することがあります。Excel
では、エラーがあるセルには、「#VALUE!」という表示が出たり、あるいは、
小さな「!」(エクスクラメーションマーク)などが表示されます。これをクリッ
クすると、問題の原因と提案される修正方法が表示されます。エラーを解消
することで、データの整合性を保ち、正確な計算結果を得ることができます。

	A	B	C	D	E	F	G	H
1								
2		数字ではない文字列		⚠ ▾ #VALUE!				
3								
4				数式で使用されるデータの形式が正しくありません。				
5								

D2　＝B2+10

**図4-16●エラー #VALUE! が表示されたセルにカーソルを合わせると小さな△に!が
ついた**

この節で紹介したデータ入力と基本的な計算方法が理解できれば、Excel
を使って計算や情報管理が可能になります。これらの基本操作を活用して、
日々の学業や職務においてデータを効果的に扱いましょう。次節では、デー
タを視覚的に表現するグラフとチャートの作成について学びます。

4.2　データ入力と基本的な計算方法　　　　**125**

4.3 グラフとチャートの作成

Excel では、入力したデータを表現するグラフも簡単に作成できます。データを表の形で見ることも有用ですが、グラフやチャートを使用すると、情報の特徴を視覚的に捉え、直感的に理解することができます。

◆基本的なグラフの作成方法

グラフを作成するには、まずグラフ化したい元のデータを Excel シート内で選択します。その上で、「挿入」タブから希望のグラフタイプを選びます。Excel では、以下のようなグラフを作成できます。

グラフの種類	特徴
棒グラフ	数値の比較に適している
折れ線グラフ	時系列データの変化を示す
円グラフ	データ全体の割合を可視化

=== 練習問題 4-5 ===

以下の手順で世界の4都市の気温と降水量のグラフを作成しなさい。

● Excel に以下のような世界の4都市の月別の平年降水量と平年気温のデータを入力します。（このデータは気象庁の Web から 2025 年 1 月に閲覧しました）

	A	B	C	D	E	F	G	H	I	J	K	L	M	N	O
1	各都市の平年の気温と降水量			1月	2月	3月	4月	5月	6月	7月	8月	9月	10月	11月	12月
2	パース	オーストラリア	気温 (℃)	24.7	24.8	22.9	19.7	16.2	13.9	13	13.4	14.6	17.1	20.1	22.8
3			降水量 (mm)	15.2	16.6	17.6	30	79.8	124.7	137.1	120.6	77.7	33.3	28.9	9.3
4	サンフランシスコ	アメリカ合衆国	気温 (℃)	10.7	11.8	13	13.9	15.4	16.9	17.7	18.2	18.2	16.9	13.4	10.7
5			降水量 (mm)	98.8	100.2	69.4	35.2	13.3	3.8	0	1	1.9	20	50.3	105.9
6	ウィーン	オーストリア	気温 (℃)	0.8	2.3	6.1	11.3	15.8	19.6	21.4	20.9	15.7	10.5	5.8	1.5
7			降水量 (mm)	42.1	37.7	52.1	41.8	79.9	70.4	78.2	66	64.5	47	45.9	46.4
8	東京	日本	気温 (℃)	4.5	6.1	9.4	14.3	18.8	21.9	25.7	26.9	23.3	18	12.5	7.7
9			降水量 (mm)	1.2	56.5	116	133.7	139.7	167.8	156.2	154.7	224.9	234.8	96.3	57.9

126　　　　　　　　　　　　　　　　第4章　スプレッドシートの使い方

- 東京の気温の行を選択します。

	A	B	C	D	E	F	G	H	I	J	K	L	M	N	O
1	各都市の平年の気温と降水量			1月	2月	3月	4月	5月	6月	7月	8月	9月	10月	11月	12月
2	パース	オーストラリア	気温 (℃)	24.7	24.8	22.9	19.7	16.2	13.9	13	13.4	14.6	17.1	20.1	22.8
3			降水量 (mm)	15.2	16.6	17.6	30	79.8	124.7	137.1	120.6	77.7	33.3	28.9	9.3
4	サンフランシスコ	アメリカ合衆国	気温 (℃)	10.7	11.8	13	13.9	15.4	16.9	17.7	18.2	18.2	16.9	13.4	10.7
5			降水量 (mm)	98.8	100.2	69.4	35.2	13.3	3.8	0	1	1.9	20	50.3	105.9
6	ウィーン	オーストリア	気温 (℃)	0.8	2.3	6.1	11.3	15.8	19.6	21.4	20.9	15.7	10.5	5.8	1.5
7			降水量 (mm)	42.1	37.7	52.1	41.8	79.9	70.4	78.2	66	64.5	47	45.9	46.4
8	東京	日本	気温 (℃)	4.5	6.1	9.4	14.3	18.8	21.9	25.7	26.9	23.3	18	12.5	7.7
9			降水量 (mm)	1.2	56.5	116	133.7	139.7	167.8	156.2	154.7	224.9	234.8	96.3	57.9

- 選択されている状態で「挿入」→「グラフ」→「おすすめのグラフ」を選んでみます。気温には折れ線グラフが良いので、他の種類のグラフが選ばれていたら、折れ線グラフを選びます。

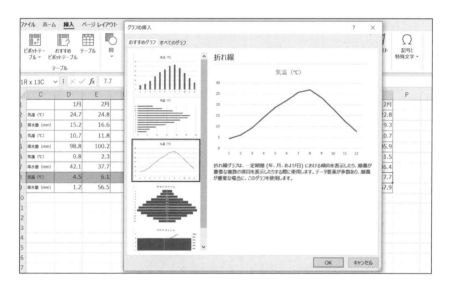

4.3 グラフとチャートの作成

- OK を押して、適切な位置にグラフをドラッグ＆ドロップして配置し、タイトルを「東京の月別平年気温（℃）」に変更します。

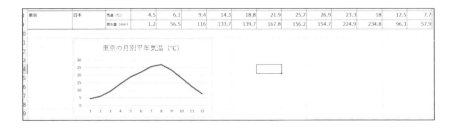

- 次に、ウィーンの気温と降水量を選び、「挿入」→「グラフ」を選びます。この場合、気温は折れ線グラフ、降水量は棒グラフが良いので、「おすすめグラフ」ではなくて、「すべてのグラフ」から「組み合わせグラフ」を選び、グラフの種類で気温は折れ線、降水量は棒グラフを選びます。このままだと、降水量も気温も同じ数字になってしまうので、降水量の方には、「第2軸」にチェックマークを入れ、グラフの高さがちょうどよくなるようにします。

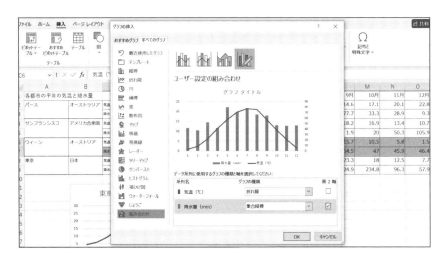

- OK を押してグラフを適切な場所に挿入した後、以下の右側のグラフのように、グラフのタイトルを変更し、また、降水量は水色に、気温はオレンジに変更してみましょう。色の変更は、折れ線や棒をダブルクリックすることで、グラフの要素の書式設定が開きますから、そこで色を変更できます。

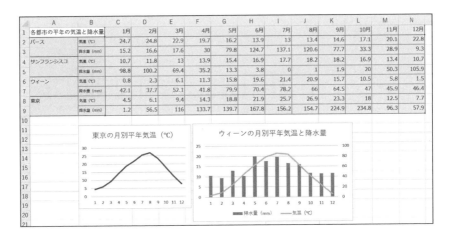

- 最後に 4 都市全部を選んで、全部の年の月別の平年気温と降水量のグラフを作ってみましょう。グラフの選び方は、前の練習と同様です。

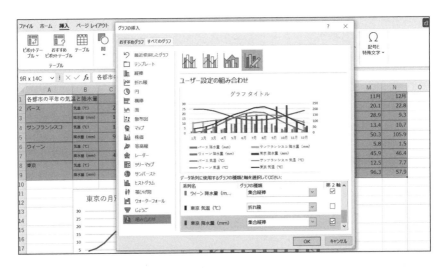

4.3 グラフとチャートの作成

- 最終的に次図の右下のようなグラフができあがれば OK です。

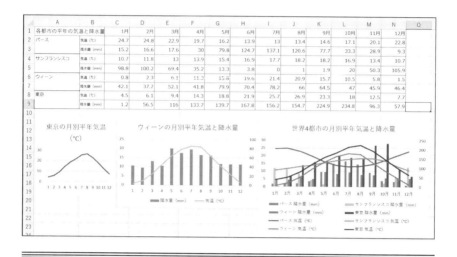

◆グラフのカスタマイズ

　グラフを描いた後、Excel では色やスタイル、レイアウトのカスタマイズが可能です。グラフを選んで、グラフの要素（折れ線や縦棒、また、軸の数字や単位、グラフのタイトルなど）をダブルクリックすることで、書式設定が開きます。適切な書式を選ぶと、グラフをより読みやすく調整できます。また、「グラフのデザイン」メニューからグラフのタイトルを追加したり、軸のラベルを編集したり、色を変更することができます。また「スタイル」を選ぶことで、より見やすいグラフに簡単に仕上げることもできます。これらの微調整によって、プレゼンテーションのためのグラフをさらに専門的で見やすいものにすることができます。

　次の図は、グラフのデザインを変更してさらに見やすくしたものです。

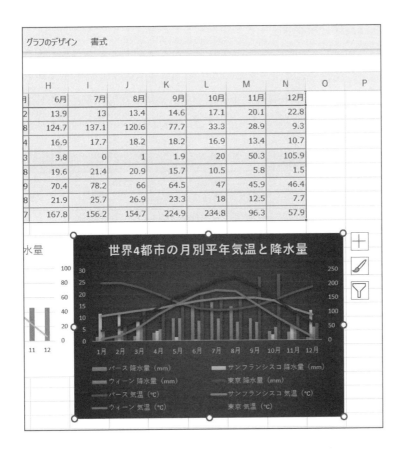

◆グラフの活用

　作成したグラフは、Word に取り込んでレポートや報告書の中に入れたり、次章で学ぶ PowerPoint のプレゼンテーション資料に簡単に取り入れることができます。適切なグラフを用いることで、データを視覚的に表現でき、読者や聴衆に対する説得力が増します。例えば、データの変化を定期的に追跡するために、時間経過と共に変動する傾向を折れ線グラフを使って視覚的に表示することなどもできるようになります。

　この節で紹介したグラフやチャートの作成ができると、Excel をより便利に使い、データの解析とプレゼンテーションがより効果的に行えるようになります。また、このように視覚的（ビジュアル）な要素を加えると、情報がより直感的に解りやすくなります。

◆その他の Excel の便利機能

　Excel には、Word と連携して使うと便利な差し込み印刷という機能があります。Excel で住所録や名簿などを作っておき、Word で文章のひな型を作ります。例えば、何人ものお客様に以下のようなメールを送信するとしましょう。「○○」の部分は、そのお客さまごとに変わる部分です。そこに例えば、

顧客番号	顧客名	購入品名
KB100025	大間 哲	ソーラー通信バッテリー SB3357
KB100037	豊浜 卯月	浄水クリーナー JCP306W
KB100056	姫路 郁美	有機生ごみ処理機 YS11AA3
KB100078	美東 樹里	携帯ガス発電機 GH2345
⋮	⋮	⋮

このような顧客名簿から1行ずつデータを入れて、そのお客様個人宛のメールを作るといったことが簡単にできてしまうのです。メールだけではなく、例えば、葉書や手紙といったものの印刷なども一人一人宛に行うことができます。大変便利な機能なので、「差し込み印刷 方法」などの言葉で検索してみるか、Copilot や ChatGPT などに、「Word の差し込み印刷の方法を教えてください」などと聞いてみると良いでしょう。

件名：定期メンテナンスのご案内

○○ ○○様

平素より弊社製品をご愛顧賜り、誠にありがとうございます。

さて、先日ご購入いただきました「○○○○○○○○」のご使用状況はいかがでしょうか。そろそろ定期メンテナンスの時期が近づいてまいりましたため、ご案内申し上げます。

つきましては、メンテナンス部品をお送りいたします。

また、「○○○○○○○○」につきまして、何かお気づきの点や、ご使用方法に関するご質問、ご意見などがございましたら、お手数ではございますが、

132　　　　　　　　第4章　スプレッドシートの使い方

本メールへのご返信、またはお電話にてご連絡いただけますと幸いです。

今後とも弊社製品をご愛顧賜りますよう、何卒よろしくお願い申し上げます。

敬具
＝＝＝＝＝
株式会社 千反田産業
お客様係
担当：伊原 里志
電話：090-xxxx-xxxx
メール：satoshi_ibara@chitanda.xxxx.xx.xx

　Excel には、他にもたくさんの使い方があります。それは、例えば「帳簿や計算ノートってどんな風に使えるの？」と訊かれたとき、単に「お店の出納簿」以外にも、実にさまざまな使い方があるのと同じです。そして、実際のそういった紙のノートに比べて、科学や社会科学で使う統計や分析などの自動的な計算もお手のものです。また、変わった使い方としては、マス目があるので、方眼紙のようにして、図や絵を描くためのキャンバスとして使うといったことも可能です。

　ですが、今の段階では、Excel やスプレッドシートが「どんなものなのか」ということが理解できていれば十分です。今後、「こんな風に使えるかな」と思ったり、仕事で「こういうように Excel で処理をして」と言われたりした時に、都度ネットで使い方を調べるとよいでしょう[3]。同様のシート例や関数などが見つかるかもしれません。また、もし、自力で最初から作る場合は、初期画面で適切なテンプレートを選ぶと、効率よく目的のものが作成できます。

---

[3] Excel は非常に機能が多く、Word 以上に複雑で便利なツールで、Excel の使い方だけで1冊の本が書けるほどです。ただ、簡単な使い方はネットに沢山でているので、例えば、「Excel 基本的な使い方」「Excel2024 入門」「Excel365 初心者 使い方」といった言葉でネット検索をし、わかりやすそうな Web ページを見つけて一通り見てみると良いでしょう。検索の際には、自分が使っている Excel のバージョン（Excel 2021、Excel 2024、Excel 365 など）を入れると、よりそのバージョンに合った情報が得られます。が、多少前後のバージョンの解説を見ても、大きな差はありません。

4.3　グラフとチャートの作成

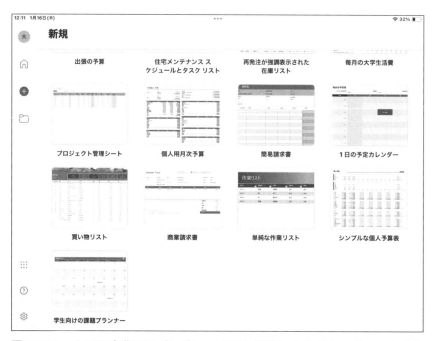

図4-17●Excel 365の初期画面（タブレット用アプリ版）多くのテンプレートから作成するシートを選ぶことができる。

　さて、Excelでデータからグラフやチャートが簡単に作れるということが理解できたら、今度はそういったグラフやチャートを使って、人に説明をするためのソフトについて学んでいきましょう。次章では、より視覚的に情報を伝達するためのプレゼンテーションソフトの使い方を説明します。

第5章

プレゼンテーションソフトウェアの活用

オフィスソフトのうち、Word のように文書を作るワープロソフトは、実際の事務作業を手で行う場合のペンとノートのようなもの、Excel のように表計算をするスプレッドシートは、電卓と帳簿のようなもので、いずれも事務作業で使う文具のような非常に基本的なソフトだと紹介しました。

次に必要になるのは、オフィスの同僚や教室の仲間たちと情報共有するための、黒板やホワイトボードのような道具でしょう。黒板に書くようにキーワードや図や表など必要な情報を見せながら発表をすることをプレゼンテーションといい、プレゼンテーションをするためのソフトをプレゼンテーションソフトウェアといいます。この章では、Microsoft PowerPoint という、プレゼンテーションのためのソフトウェアについて学びます。

5.1 PowerPointの基本

◆ PowerPoint とは

Microsoft PowerPointは、プレゼンテーションを作成するためのソフトウェアです[1]。ビジネスや学業での発表の場面でよく使われ、スライドを使って情報を視覚的に伝えることができます。この節では、PowerPointの基本的な使い方と、プレゼンテーションをより魅力的にするための基礎的な技術を紹介します。

◆ プレゼンテーションとは

プレゼンテーションとは、視覚資料を活用して情報を効果的に伝える手法で、略して「プレゼン」ともいいます。プレゼンをするときは、文章だけでなく、画像、グラフ、動画などを組み合わせることで、聴衆によりわかりやすく伝えることができます。

プレゼンテーションあれこれ

昔から、視覚的に絵やグラフを見せて説明をするということは、さまざまな場面で行われてきました。おそらく、大昔は、地面に絵を描いたりしていたものかもしれませんし、その後には紙芝居など絵を見せてストーリーを説明する伝統的技法も確立したでしょう。が、一般的にビジネスや教育や発表の場で、図や絵での説明には、長い間、黒板やホワイトボードが使われていました。

そして、事前に資料を用意したい場合は、模造紙やフリップチャート（図を描いて説明をするための A1 くらいの大きさの厚手の紙）などの大きな紙を用意して説明をすることもよく行われました。

また、ノート程度の大きさのフィルムに、紙に書いた原稿をコピーして、裏から光を当ててそのまま大きなスクリーンに表示できるようにしたのが、OHP（オーバー・ヘッド・プロジェクタ）で、ノート大の原稿を会議室や教室などの参加者に見せて説明ができるので、パソコンとプロジェクタが当たり前にな

---

[1] プレゼンテーションソフトウェアには、Microsoft PowerPoint の他に、Google Slides や Apple 社が Mac や iPad のために作っている Keynote、Microsoft の Office と互換性が高くて無料で使える LibreOffice Impress などがありますが、基本的な考え方はどれも類似しています。

るまでは、重宝したものです。

このように、物事を説明するためにあらかじめ絵や図、キーワードなどを書いたものを**事前に**用意しておき、見せて説明するのが、ビジネスや学業の用語でいう「プレゼンテーション（プレゼン）」です。

その後、オフィスでパソコンが一人１台普及し、さまざまな資料がパソコンで作られるようになると、パソコンを直接プロジェクタに繋げてスクリーンで資料を見せることが主流になってきました。当初は、Word や Excel のような、ワープロやスプレッドシート（表計算）で作った資料をそのまま見せていました。しかし、説明の際に、OHP のシートをあらかじめ作っておくように、ワープロやスプレッドシートの必要な部分だけを切り取ったり写真を見せたりして、箇条書きの説明と共に事前に整理しておいたほうがスムーズなので、徐々にそういった「プレゼンテーション専門のソフト」が望まれるようになりました。

そこで登場したのが、PowerPoint などのプレゼンテーションソフトウェア（プレゼンソフト）です。そして、今は一般的に、これらのソフトを使って説明をすることを「プレゼンテーション」というケースが多いです。

しかし、場によっては、その場で絵や図を描きながら行う、「グラフィックプレゼンテーション」（有名なところだと、魚の絵を描きながら説明する「さかなクン」さんなど）などもあり、参加者の意見も取り入れながら説明が進められるので、とても価値があります。

また、わざとソフトを使わずに、手描きの画用紙を並べていく、「KP 法（紙芝居プレゼンテーション法）」なども提唱されています。それぞれの場面に応じて最も良い方法を選択すると良いでしょう。

（ちなみに、プレゼンをする人のことを「プレゼンテーター」と言う人もいますが、間違った英語です。正しくは「プレゼンター」です。）

◆何をプレゼンテーションするか

次節以後では、具体的に PowerPoint の使ってのプレゼンテーションの作成方法を学びますが、その前に、「何に」プレゼンを使うのか、「何を」説明したいのかということをあらかじめ考えておく必要があります。

例えば、自分の研究を発表する、自社の新商品を説明するなど、プレゼンの目的はさまざまで、それによって画面のデザインも変わります。一般的に、

5.1 PowerPoint の基本

研究発表などアカデミックの場では、薄い色の背景に黒い文字で必要なところだけ色がついているようなシンプルな画面が好まれ、新商品の説明などビジネスの場面では、時に濃い色の背景に商品に光が当たっているような写真を使ったり、BGM を入れるような「目をひく」手法が使われることもあります。

　また、聴衆によっては、PowerPoint 以外の手法の方が発表として適している場合もあります。例えば、手元資料を配って説明をする、あるいは、資料に細かいことを書いておいて、スライドでは写真やグラフだけを見せるといったようにです。

　ですから、どんな聴衆にどのように発表をするのが効果的かを考え、全体の流れを考えた上で、最終的にスライドの内容を決めていく必要があります。

　次節以後は、その具体的な PowerPoint の使い方を見ていきます。

◆ PowerPoint のインターフェース

　PowerPoint を開くと、スライドショーの基盤となる空白のスライドが表示されます。Word や Excel 同様、画面の上部にある「リボン」には、スライドの作成、デザイン、遷移、アニメーションなどを管理するためのタブにまとめられている、各機能のアイコンがあります。これらのタブやアイコンを使いこなすことで、プレゼンの各スライドを効果的に作成・編集することができます。

138　　　　　　　　　　第 5 章　プレゼンテーションソフトウェアの活用

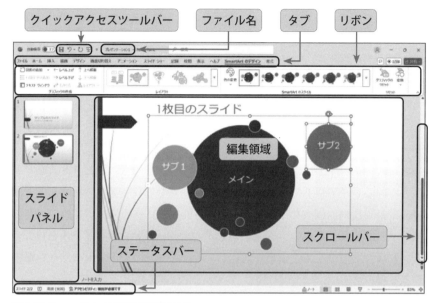

図5-1●PowerPoint 2024の編集画面

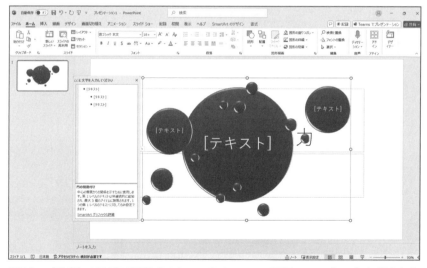

図5-2●（参考）2025年1月時点のPowerPoint 365の画面。2024とほとんど変わらないが、リボンの右端に「デザイナー」というAI連携のアイコンがある。スライド内に書かれている言葉を見てAIが自動でスライドのデザインをしてくれる機能が実装されている（第7章で解説）。

5.1　PowerPoint の基本

◆スライドの作成と編集

　プレゼンテーションを作り始めるには、まずスライドにコンテンツを追加します。「コンテンツ」とは、スライド上に表示するテキストや図、絵、あるいは動画といった「内容」のことです。具体的には、テキストボックスを挿入して見出しや説明文を入力し、挿入タブからさまざまな図形や図表を追加して情報を視覚的に表示します。挿入タブからは画像、チャート、動画などのメディアも追加できます。

　さらに、スライドにはさまざまなレイアウトが準備されており、スライドごとに同じレイアウトで統一感を出したり、異なるレイアウトを選んで、内容に合わせた画面構成を選択することが可能です。例えば、メインの表題のスライドは「タイトルスライド」、それぞれのページには「タイトルとコンテンツ」などを選びます。また、プレゼンテーションの途中でセクションが分かれる場合は、「セクション見出し」を使うのもよいでしょう。

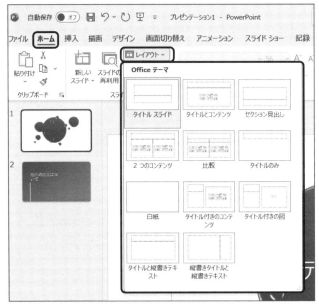

図5-3●PowerPointのレイアウト選択画面

　なお、「レイアウト」とは別に、プレゼンテーション全体の画面の色調やフォ

ント、コントラストなどを統一する「デザイン」という機能もあります。こちらは後述しますが、この「レイアウト」の機能と、「デザイン」の機能は、全く別のものなので、混同しないようにしてください。

スライドを作成していって、途中で順番を変えたくなったら、左側のスライドパネル（スライドサムネイルペイン）の中で、ドラッグ＆ドロップで簡単に並べ替えることができます。

作成のコツとしては、1枚1枚スライドを0から作るのではなく、基本の形のスライドを作ったら、それを複製（左側のスライドパネルの中でスライド1枚選んでCtrl＋Dを押すと、そのスライドが複製されます）して編集すると作業が速くなります。

コンテンツとは

最近、「日本が世界に誇れる輸出品はコンテンツ産業だけだ」などといった言い方もよく聞きます。しかし、「コンテンツ（Content）」とは、かなり広範囲にわたる言葉です。語源的にはラテン語で英語の「Contain（含む）」などと同じで、情報や表現の「中身」や「内容」を指す言葉で、特に、インターネットやメディアの文脈では、文章、画像、音声、動画など、ユーザーに提供される情報や表現のすべてを指します。メディアやウェブサイト、アプリ内で目にしたり、聞いたり、体験する内容そのものがコンテンツです。

具体例
- ウェブサイトのコンテンツ：
  - ・記事やブログ投稿
  - ・画像やイラスト
  - ・動画や音声ファイル
- SNS のコンテンツ：
  - ・ユーザーが投稿する写真、コメント、動画
  - ・広告やプロモーション
- デジタルメディアのコンテンツ：
  - ・Netflix や YouTube などで配信される映画や番組
  - ・Spotify や Apple Music で聴ける音楽
- 教材やビジネスのコンテンツ：
  - ・プレゼンテーション資料

5.1　PowerPoint の基本

- ・（または）資料の中にある、絵や図、説明文など
- ・オンラインコースやeラーニングの教材
- ● その他：
  1990年代ごろから、日本の輸出コンテンツ産業の中で大きな比率を占めているのは、アニメ（アニメーション）やまんが、その原作のラノベ（ライトノベル）でしょう。自民党の重鎮で元首相が、かつて首相時代にアニメやまんがをコンテンツ産業として育てようと力を入れていたこともありました。

簡潔にまとめると：
　「コンテンツ」とは、デジタルやアナログ問わず、ユーザーが受け取る情報の「中身」のことです。その形や形式は多岐にわたり、現代の情報社会では非常に重要な概念です。

◆デザインとビジュアルのカスタマイズ

　効果的なプレゼンをするには、聴衆の目を惹く魅力的なデザインが不可欠です。PowerPointでは、1枚1枚それぞれにデザインを作っていくことも可能ですが、デザインタブを利用してスライド全体のテーマや背景を一気に設定することも可能です。色の選択、フォントの調整、背景画像の挿入などを通じて、プレゼンテーションの全体的な外観を一貫性のあるものにすることができます。なお、スライド作成の途中でもデザインを変更することは可能ですが、タイトルやコンテンツのフォントの種類やサイズなども全部変わってしまうので、表示が崩れてしまうことが多いです。ですから、デザインは、最初のうちに決めておきましょう。

図5-4●PowerPointで新しいプレゼンテーションを作る際にデザインを選ぶ画面（前出の図5-1と同じものを、別のカラフルなデザインを選んで色を変更したところ）

◆効果的なプレゼンテーションのためのヒント

プレゼンテーションには、コンテンツに動きを付けるようなアニメーションや変形、スライドから次のスライドのに移る時に遷移効果（トランジション＝フェードやワイプといった画面切り替え）を追加することで、聴衆の注意を引きつけることもできます。詳細は、5.3節で説明します。

ただし、これらの効果は適度に使用することが大切です。あまり多用すると、内容から注意が逸れてしまうことがあります。

◆プレゼンテーションの共有と発表

完成したプレゼンテーションを使って、学校や職場などで発表をします。あらかじめ、各スライドに話すためのキーポイントや話す内容を「ノート」としてつけておくと、スムーズに発表できます。

実際に発表をするときは、PowerPointでは、プレゼンテーションモードを使ってスライドをフルスクリーンで表示して説明します。

発表時には、自分の画面と、プロジェクタなどに繋いだ画面の両方を同じにしておくこともできます。また、発表者ツールという機能を使って、自分は現在表示中のスライドと次のスライド、スライドごとに設定した発表ノートなどを参照しながら、スムーズに話を進めることもできます。

また、PowerPoint の資料の印刷は、スライドを印刷するだけではなくて、複数スライドを 1 枚に印刷したりノートも印刷したりと、さまざまな印刷方法を用いて、配布資料を作ることができます。紙に印刷をする代わりに PDF を作ることも可能です。

作成した PowerPoint ファイルや、配布用の資料は、共有することが可能です。USB ドライブなどに保存して渡すか、メールやさまざまなメッセンジャー、クラウドストレージなどを通じて共有することができます。

PowerPoint の基本をマスターすることで、学業や仕事で、聴衆に強い印象を与えるプレゼンテーションが作成できるようになります。次節では、さらに魅力的なスライドをデザインする方法について掘り下げていきます。

5.2 魅力的なスライドのデザイン方法

◆スライドデザインの基本

スライドのデザインは、プレゼンの効果を大きく左右します。見やすく、魅力的なスライドは聴衆の注意を引きつけ、情報の伝達をスムーズにします。

ただし、なんでも色や飾りをつければよいわけではありません。まず、スライドの背景はシンプルに保ち、テキストやビジュアルが際立つようにします。背景に複雑なパターンや鮮やかな色を使用すると、内容が読みづらくなってしまうことが多いです。

◆フォントの選定

キーワードを書いたテキストはプレゼンの核となる部分であり、読みやすさが重要です。文字の大きさ（フォントサイズ）は聴衆が発表の場（部屋）

144　　　第 5 章　プレゼンテーションソフトウェアの活用

の後方からでも読み取れる大きさを意識して設定します。オンラインプレゼンテーションの場合は、聴衆にスマホでの参加者がいるかどうかも考慮点の1つになります。また、どうしても1ページあたりの情報量が多くなってしまう場合、キーワードだけを表示して、別に配布資料を作ることも考慮しても良いでしょう。

　画面の中の文字の配置では、タイトルは本文より明確に大きくします。また、文字の詰め具合（行間や文字間）を調整して、テキストブロックが密集しすぎないようにすることも大切です。当然文字数が多くなれば、それだけフォントが小さくなるか、行間が詰まってしまいます。ですから、一枚のスライドで表示する情報量は、厳選する必要があります。

　なお、読みやすいフォントとしては、一般的には、日本語であれば「メイリオ」や「游ゴシック、游明朝」、「ヒラギノ角ゴ」などが、英文であればサンセリフフォント（Arial や Helvetica など）が視認性が高いとされています。

◆色の選定

　色は情報を際立たせる強力な手段ですが、一般的に、使用する色の数は抑えたほうが見やすいスライドになります。基本的には、2～3色の組み合わせが最適です。これにより、スライドがシンプルに整理され、聴衆が重要な情報に焦点を当てやすくなります。

　色の選び方は、基本的には、研究発表や事務的な資料の説明の場合には、背景色を白か薄いものとし、文字を黒などにします。そして一部、重要な文字だけを青にしたり、非常に目立たせる必要がある部分は赤文字にしたりして言葉を目立たせるようにします。一方で、ビジネスで新商品を説明するなどの場合は、わざと背景色を黒や濃い色にして商品などに光があたるようにして目立たせる効果を狙うこともあります。この場合は、文字の色は見やすいように背景とコントラスが強い白や黄色などを用います。

　また、色の心理効果を考慮することも一つの手です。例えば、青は安心感を与え、赤は緊急性や注意を引きます。赤ちゃんや子育てに関する発表であれば、ピンクやパステルカラーなどを使うのもよいでしょう。清潔感を出したい場合は青系の色、健康的な印象を与えたい場合には、目に優しい緑の背景と言う考え方もあります。いずれの場合も、背景色と手前の文字やコンテ

ンツが似た色になって見え難くならないように工夫する必要があります。場合によっては、色覚異常がある人にも配慮する必要[2]があるかもしれません。

◆ビジュアル要素の統合

　画像（写真）、グラフ、図や表はテキストの説明を補助し、理解を促進するために有効です。これらのビジュアル要素は、説明内容と関連性が高く、かつ高品質なものを選ぶことが重要です。画像は話のポイントを強調するためや何か実物を見せるといったことのために使い、図表やグラフはデータを分かりやすく説明するために用います。

　ビジュアルのコンテンツの配置はバランスを考え、スライドの全体的なデザインを乱さないように配慮します。

　また、場合によっては、動画や音声・音楽を埋め込んだり、リンクを付けておくことも可能です。必要に応じて、外部のYouTubeなどのリソースへのリンクを付けておくこともできます。しかし、外部リソースを使う場合、実際にプレゼンを行う場できちんとネットが確実に繋がるかどうかの確認が必要です。万が一を考え、もし発表用のパソコンに動画などのリソースを事前にダウンロードしておくことができるのであれば、しておいた方が安全です。

◆スライドのレイアウト

　良いスライドをデザインするためにはクリアで見やすいレイアウトを考えることから始めます。既存のレイアウトを使う場合であっても、ページ内での情報の流れは自然にすべきです。原則的には、聴衆の視点移動が自然にスライドの上から下へ、左から右へと移動するように配置します。主要なポイントはスライドの中央や上部に置き、聴衆の注意がそこに集まるように誘導することも考慮します。

　また、場合によっては、「アニメーション」や「変形」といった、スライド内に動きを加えるテクニックもあります。

　こういったデザインの原則を適用することで、プレゼンテーションの全体

※2　色覚や視覚に不自由がある方でも安心して見られるかどうかは、ウィンドウ下部に「アクセシビリティ」というアドバイスが表示されることでも認識可能です。必要ならアクセシビリティの提案のように色使いやフォントを変更することも検討してください。

的な品質を向上させ、メッセージを効果的に伝えることができます。魅力的なスライドを作成すれば、聴衆とよりよいコミュニケーションができるようになり、プレゼンの成功に直結します。次節では、さらにプレゼンテーション中の視覚的要素（ビジュアルコンテンツ）の使い方のコツについて詳しく探ります。

5.3 ビジュアルコンテンツの活用

　プレゼンテーションでは、表やグラフ、画像や動画といった視覚的要素を活用することで、聴衆により伝わりやすくなります。

◆ストーリーの流れにそった説明を取り入れる

　良いプレゼンをするには、ただ情報を並べるだけでなく、全体の流れを意識して、ストーリーとして展開することが重要です。例えば、ストーリーテリング（物語を話して聞かせること）の技法を取り入れると、聴衆は情報を物語として理解しやすくなります。

　一例としては、始めにプレゼンの内容の背景を説明し、次に問題を提示、最後に解決策を提示する、というようなことです。場合によっては、全体の説明の構成と順序だてを最初に伝えておくことも効果的です。そのようにプレゼン全体の流れを踏まえた構成を考えると良いでしょう。これにより、聴衆は論理的な流れを追いやすく、メッセージが記憶に残りやすくなります。

◆コンテンツのビジュアル化

　前節でも述べたように、テキストだけのスライドよりも、図、グラフ、画像（写真など）を用いて視覚的に訴えるスライドの方が理解がしやすく、記憶に残りやすくなります。例えば、ワークショップの場や建設進捗、被災地支援報告など現場の様子を見せることが重要な報告などは、写真があった方が一目で伝わることが多いです。また、売り上げや株価といった数値のデータや統計についてであれば、グラフで表現することで、理解がしやすくなります。今は、必要なビジュアル情報を全部自分で作る必要もありません。ネッ

トで探せば比較的簡単に入手できます。ただし、使用するビジュアル情報は話の内容に直接関連するものを選ぶと共に、ネット上の情報を利用する場合は、著作権や使用に関しての条件などに注意が必要です。また、使用した場合は、完全にフリー素材でない限りは、出典を明記することも大切です。

◆効果的な「動き」の使用

　プレゼンテーションに「動き」を加えることで、視覚的な興味を引いたり、意図をしたところに視線を移動して注目させたりすることができます。動きを加える方法には、「アニメーション」・「画面切り替え」・「変形」の3つがあります。(「変形」は「画面切り替え」の機能の一部ですが、ここでは別に分けて説明します)。

　アニメーションは、1枚のスライドの中で実施することが普通です。特定のキーワードを後から見せたり、動かして見せることで、聴衆の注意を引き付けておきます。よく使われるアニメーションの例として次のようなものがあります。

- 箇条書きの説明で1項目ずつ画面に現れるようにする。
- クイズのように、問題とその回答が書いてあるスライドで、答えだけは後で現れるようにする。
- 吹き出しなどを利用し、キーワードが目立つよう後から出現させる。

　キーワードを動かす場合、その出現のし方も跳ねたり、ぐるぐると回ったり、点滅したりと、さまざまな動きを演出して聴衆の目を引くことが可能です。

　もう一つの、画面に動きを加える方法としては、「画面切り替え(トランジション)」があります。一つのスライドから次のスライドに移る時に、徐々にぼやけて次のスライドに繋がる「フェード」、端からふき取るように次のスライドに移る「ワイプ」などさまざまな効果があります。スライドからスライドに遷移する時に使うのですが、多用すると正直うるさい感じになるので、あってもせいぜい短い時間のフェードを使うくらいでしょうか。ここぞというスライドへの遷移だけ、特別の効果で目立たせると良いかもしれません。

　最後にもう一つの技術として「変形」があります。これは、画面切り替え

の機能を使って実現しているのですが、やりたいことはアニメーションの高度なものと言えます。アニメーションではできない複雑な動きを、あえて画面切り替えの機能を使って実現するのです。具体的なやり方としては、1枚のスライドを作ってからそれをコピーして同じものを2つ作ります。そして、その一部のコンテンツだけ、場所を変えたり、色を変えたり、形を変えたりします。そして、その2枚のスライドの切り替えに「変形」を選びます。そうすると、アニメーションではできなかった複雑な動きを表現することができます。

　これら「アニメーション」・「画面切り替え」・「変形」はそれぞれさまざまなテクニックがありますから、興味がある人は、是非ネットで「PowerPoint アニメーション」とか「PowerPoint 変形」といった検索をして、いろいろなやり方を試してみてください。

　なお、こういった動きのあるスライドを作るのは、あくまで「重要なポイントを強調するため」だということを忘れてはなりません。使いすぎてしまうと、内容より動きに気を取られて、聴衆の注意が散漫になってしまうこともありえます。ですから、そのテクニックを使うことで、説明したい内容がより分かりやすくなること、そして、注目させたいところに聴衆の意識を、的確に集中させることを狙って使用します。

=====　練習問題 5-1　=====

　第3章の練習問題でWordで作った、あなたの好きなものや「推し」を説明する、プレゼンテーションを作成しなさい。その際には、あなたが好きなものがどんなもの（お店？食べ物？人物？キャラクター？）で、なぜそれが好きなのか、どういったところが良いのかといったことが伝わるように工夫しなさい。

　プレゼンテーションができたら、そのスライドショウ機能を使って、実際に声に出してプレゼンテーションの説明をしてみなさい。

5.3　ビジュアルコンテンツの活用　　　　　　　　　**149**

5.4 効果的なプレゼンテーションのテクニック

　この章の最後に、実際に発表を行う時に成功させるためのコツをまとめておきます。特に、プレゼンテーションに慣れていなかったり、苦手意識がある人は、以下のコツを覚えておいてください。

◆スライドの順番の考え方

　スライドの構成がわかりやすいと、説得力が上がり、説明もしやすくなります。作成段階から発表する時のことを意識して、スライドを構成すると良いでしょう。

一般的なプレゼンテーションの流れ

- **導入**：テーマの説明（なぜこの話をするのか）
- **本論**：具体的なデータや事例を使って説明
- **結論**：まとめと今後のアクション

　全体の流れを意識することで、**聞き手が迷わずに理解しやすくなります。**

◆話し方のポイント

　話し方次第で、聴衆の理解度や印象が大きく変わります。

- ゆっくり、はっきり話す（早口にならないように注意）
- 適度に間をとる（情報が整理され、聞き手が理解しやすい）
- ジェスチャーを活用する（手の動きや視線を使って強調する）

　話している時は、できるだけ聴衆の様子や反応を見るようにしましょう。特に、「間」をとりながら、その時に会場を見渡すようにすると、自分も落ち着いて、次の話に繋げていくことができます。

◆プレゼンテーション成功のためのポイント

　最後に、プレゼンテーションを成功させるために、以下のポイントを押さえておいてください。

- **スライドはシンプルに**（情報を詰め込みすぎない）
- **話し方に緩急をつける**（メリハリをつけると伝わりやすいし、適度に間をとることもできる）
- **リハーサルを行う**（本番前の練習で、全体の時間を測るとともに、問題点や不安を解消しておく）

　プレゼンテーションは、**話す技術とスライドの工夫**で大きく変わります。作成段階から発表をする場面を意識することでスライドに工夫を作りこむことができます。また、納得するまでリハーサルを行うことで、話す技術を向上できます。しっかり準備をして、自信を持って発表しましょう。

　ここまで説明をしてきたように、プレゼンテーションソフトを使って視覚的に訴えると、より一層効果的な発表をすることができます。聴衆の記憶に残る、印象的なスライドを作って、伝えたいことをしっかりと伝えましょう。次の章では、さらに、別のソフトやサービスを用いたビジュアルデザインの技術を深掘りしていきます。

5.4　効果的なプレゼンテーションのテクニック

第6章

グラフィックデザインと
ビジュアルツール

　前章で、プレゼンテーションなどで物事を伝える際には
ビジュアル＝視覚的に訴えることの重要性について述べま
した。この章では、そういった、視覚的な「ビジュアルコ
ンテンツ」を作るための、さまざまなツールを紹介します。

　章前半では、初心者にも使いやすいグラフィックデザイ
ンの基本的なソフトウェアを紹介します。

　章後半では、ビデオの編集ツールについて説明します。

6.1　Canvaを使ったビジュアルコンテンツの作成

◆ Canvaの概要

Canva[※1]は、ビジネスや学業、趣味、研究などさまざまな場面で使うデザインを簡単に作成できる、Webブラウザでも使えるオンラインツールです。ポスター、チラシ、プレゼン資料、インフォグラフィックなど、多様なビジュアルコンテンツを、デザインのスキルが特にないユーザーでも直感的な操作で作成できます。

図6-1●Canvaの初期画面（2025年1月現在。オンラインツールなので頻繁に変更されます）

◆ Canvaの基本機能

Canvaには、以下のような特徴があります。

※1　Canva（キャンバ）：Webでさまざまなデザインができる。https://www.canva.com/ から始められる。

- **豊富なテンプレート**：さまざまなデザインテンプレートから選んで簡単に編集してデザインを作成可能。
- **ドラッグ & ドロップ操作**：画像やテキストを直感的に配置できる。
- **フォントとカラーの自由な設定**：デザインの統一感を持たせることができる。

Canva は、プロ向けのデザインソフトよりもシンプルな操作で、短時間で魅力的なデザインを作成できます。また、基本的な機能は無料版でも充分に使えます。

Canva の利用を始めるには、まずアカウントを作成し、ログインします。初期画面からは多数のテンプレートを選ぶことができます。名刺や企画書、レポートや履歴書、ロゴや SNS やスマホの背景、パンフレットやお知らせ、ロゴやプレゼンテーションなど、テンプレートは多岐に渡ります。また、テンプレートは目的に応じてカスタマイズ可能で、テキストの追加、画像の挿入、背景色の変更などが可能です。こういう基本的な操作は、今まで紹介してきた Word や PowerPoint と同じような操作感覚で、マスターすると、独自のデザインを簡単に作成できます。

さまざまなデザインツールはありますが、ドラッグ & ドロップと内容の書き換えだけでさまざまなコンテンツを作成できる Canva は、初心者がグラフィックデザインの入門として使うのに適したツールと言えるでしょう。

6.1　Canva を使ったビジュアルコンテンツの作成　　　**155**

図6-2●Canva（Web版）で、新規デザインの種類を選ぶ画面

図6-3●Canva（Web版）で、テンプレートを選ぶ画面

　また Canva は、パソコンやスマホ、タブレットのアプリもあるので、ブラウザ上からオンラインで行うだけではなく、ネットがない環境でもパソコン

のアプリで作業ができたり、移動中などにスマホやタブレットで修正を加えるといったことも可能です。なお、アプリ版で行った変更は、ネットがつながると、すぐに Web 版の方にも反映されます。

図6-4●Windowsアプリ版のCanva

◆デザインのカスタマイズ

　Canva では、パソコンの場合、ドラッグ＆ドロップのインターフェースを利用して、画像やフォント、色彩を編集することができます。利用可能な無料の画像やイラスト[2]、アイコンやテンプレートを組み合わせることで、見た目が美しく、情報を効果的に伝えるビジュアルを簡単に作成することが可能です。また、自社や自分達の学校、クラブ、サークルで独自のブランドカラーやロゴも作れるので、それを使用することで、視覚的な統一感を持たせたチ

※2　Canva は無料の画像やイラスト、テンプレートなどだけでも十分に使えますが、有料の機能を使うことで、作成した画像の大きさの変更、AI による画像作成といったさまざまな機能も使うことができます。学生や教員の場合、これら有料機能の一部を、Canva Education として使うことができる場合がありますので、使える立場の人はぜひ使ってみてください。

6.1　Canva を使ったビジュアルコンテンツの作成

ラシやブローシャーを作ることが可能になります（いわゆる CI = Corporate identity や SI = School identity）。

◆チームでの共同作業

　Canva はチームでのデザイン作業にも適しています。プロジェクトにチームメンバーを招待すると、作成中のデザインを共有することができ、リアルタイムで共同作業をすることができます。ある一人が作ったデザインを、メンバー間でレビューし、フィードバックを受け取ることができます。例えば、サークルの複数メンバーで、次回のサークルの公演のチラシを作ることもできます。ビジネスの商品のプロモーションチームで、新商品のパンフレットをお互いに見ながら作っていくこともできるでしょう。これにより、単純に分業するよりも、チーム全体で一貫性のあるデザインを維持しながら、効率的にプロジェクトを進めることができます。

◆ビジュアルコンテンツの活用

　Canva で作成したデザインは、直接ソーシャルメディアに投稿したり、印刷用ファイルとしてダウンロードしたりすることができます。また、プレゼンテーション用のスライドを作成すると、PowerPoint のファイルとしてダウンロードすることもできるので、マーケティング資料、発表、イベントの招待状など、さまざまな用途に対応するビジュアルコンテンツを簡単に配布・共有することが可能になります。

　Canva を活用することで、視覚的に優れたデザイン性の高いビジュアルコンテンツを、手軽に作成できるようになります。次節では、基本的な画像編集技術とレイアウトの技術について詳しく見ていきます。

=== 練習問題 6-1 ===

　Canva を使って、第 3 章の Word と、第 5 章の PowerPoint で作ったあなたの好きなものに関して、それを紹介するポスターかチラシを作成しなさい。チラシであれば、A4 の一枚の大きさで、表は概要を、裏には細かい説明を入れた形で、その 1 枚を読めば、わかるものを作成しなさい。

6.2　基本的な画像編集とレイアウトの技術

◆画像編集の基本

　デザインをより魅力的にするためには、画像編集とレイアウトの基本を押さえておくことが大切です。基本的な画像編集には、以下のような要素があります。

- **トリミングとサイズ変更**：余計な部分を削除し、バランスを整える。
- **明るさやコントラスト、色彩の調整**：画像を見やすくし、綺麗にする。
- **フィルターやエフェクトの活用**：デザインの統一感を出す。

　これらの編集は、画像が伝えたい内容（メッセージ）と調和するように、全体のデザインを考え整えるために行います。

　また、最近は Canva や Photoshop のようなツールでは、AI を活用して不要な背景を取り除いたり、画像をより鮮明にしたりすることができます。（Canva の背景削除の機能は、2025 年 1 月現在、有料版や Education 版でのみ提供）

図6-5●Canvaの「背景除去」機能の使用例。この本の表紙裏の絵を作っているところ。生成AIに描かせた女性の絵をCanvaに貼り付け（左）、背景を除去した（右）。

◆レイアウトの基本原則

効果的なデザインを作るために、次のポイントを意識しましょう。

- 余白を適切にとる（詰め込みすぎると見にくい）
- 視線の流れを考える（重要な情報を上部または中央に配置）
- 統一感を持たせる（フォントやカラーの一貫性を保つ）

PowerPoint の項でも述べましたが、良いレイアウトは、視覚的なバランスと情報の流れを考慮して作ることが大切です。具体的には、以下のようなことに気を付けます。

- **アライメント（整列）**：テキストや画像は、整然と配置されることで、読みやすく美しいデザインになります。要素を適切に揃えることで、デザインに一貫性と専門性をもたらすことができます。具体的には、羅列してあるテキストの左端がそろっていたり、並んでいる写真の

大きさや上端・左端などがそろっているといったことです。Canva も PowerPoint も画面の中の要素を動かすと、別の要素と端の線がそろったり、真ん中になった時に、赤い点線が出て、「今そろっているよ」ということを教えてくれます。

● **コントラスト**：要素同士のコントラストを利用することで、特定の情報を強調し、視覚的に興味を引くことができます。色、サイズ、形状を変えることで、重要なポイントに目を引かせるのです。具体的には、薄い背景色には濃い文字や濃い枠のついた図、逆に濃い背景色なら薄い色の文字や薄い色の枠を使うといった手法です。

● **繰り返しと一貫性**：デザインに繰り返しを取り入れることで、統一感を出し、視覚的に安定した印象を与えます。これは、PowerPoint の項でも説明しましたが、前のページと同じようなレイアウトデザインを使うということです。これによって、色、形状、フォントスタイルに統一が取れます。

◆画像とテキストの組み合わせ

画像や図表とテキストは上手に組み合わせて使います。テキストは画像の内容を説明するものであり、画像はテキストのメッセージを視覚的に補強するのです。画像の上にテキストを配置する場合は、読みやすくするために背景とのコントラストを強くすることが重要です。そのため、画像を背景として使用する場合は、その上のテキストが問題なく読めるように工夫してください。例えば、写真の中の白い壁の部分に黒いテキストを配置するとか、あテキストの周囲に縁取りや影を付けるなどというテクニックがあります。

これらの基本的な画像編集とレイアウトの技術はさまざまな、ビジュアルコンテンツに応用できます。次節では、これらの技術を活用できるツールを紹介した後、そこで作成したビジュアルコンテンツを、どのように効果的に配布するかを見ていきます。

6.2　基本的な画像編集とレイアウトの技術　　　161

6.3 Webベースのデザインツールの利用

◆ Webベースデザインツールの利点

　ビジュアルコンテンツを作るためのデザイン作業には、Webベースのデザインツールが便利です。複雑なソフトウェアをインストールしなくても、インターネットに接続さえしていればブラウザから簡単に使うことができ、デザイナーでない一般の人でも手軽に使用できます。ネットに繋がっているので、常に最新の豊富なテンプレートや機能が使えますし、チームでの共同作業にも適しています。

　Webベースのツールには、すでに紹介したCanvaも含め、以下のような代表的なツールがあります。これらは学業や趣味だけでなく、ビジネスなどでも充分利用可能なレベルのデザインを作成することができます。

◆主なツールとその特徴

- **Canva**：さまざまな図形や要素をドラッグ＆ドロップの操作で直感的にデザインができ、ソーシャルメディアグラフィックス、プレゼンテーション、チラシや、ブローシャー、ポスターなど、さまざまな用途に対応しています。無料プランでも多くの機能が利用可能です。
- **Adobe Express**：Adobe[※3]の提供するこのツールは、グラフィックデザイン、ウェブページ作成、短い動画の制作が簡単な操作でできるよう設計されています。特にブランディング機能が強力で、一貫したデザインを簡単に作成できます。
- **Piktochart**：主にインフォグラフィックスやレポートの作成に特化しており、データを視覚的に表現するための多彩なオプションを提供します。ビジュアルデータの表示に適しています。

※3　Adobeは、デザインや写真編集、雑誌やDTPビジュアルコンテンツの作成ソフトに強い会社で、PDFを開発したことでも有名。

◆デザインの始め方

どのツールを使う場合でも、デザインをする際は、まずは目的を明確にすることが重要です。何を伝えたいのか、そのためにはどのような視覚的要素が必要かを考え、適切なテンプレートを選びます。ほとんどのツールは、カスタマイズ可能なテンプレートを豊富に提供しています。

◆効果的なデザインの作成

デザインは、ターゲットオーディエンス、つまり誰に見せたいのかを常に意識して作成します。伝えたい内容とターゲットの興味やニーズに合わせて、色使い、フォント選び、画像の配置などを考えます。そして、デザインが完成したら、誰かに見せてフィードバックをしてもらうことも大切です。フィードバックに基づいて、さらに改善を重ねて、より伝わりやすいビジュアルコンテンツを作り上げます。

6.4　基本的な映像編集の技術

前節までは、プレゼンテーションやその他のビジュアルコンテンツとして、基本的に動きがないものの作り方を紹介してきましたが、今やさまざまな情報発信や解説が動画で行われている時代です。

スマートフォン1台でも綺麗なビデオが撮れて、そのスマホやPCを使って、誰でも簡単に映像編集ができる時代になりました。そしてYouTubeやTikTok、インスタグラム等のSNSで誰もが映像情報の発信者になることができます。

この節では、そういった動画を作成するための基本的な技術を紹介します。

映像編集は、撮影した動画や写真を整理し、メッセージやストーリーを効果的に伝えるために加工する作業です。以下のポイントを押さえておくとよいでしょう。

◆映像編集の目的と種類

　映像編集には、趣味（Vlog や家族の動画作成）、ビジネス（広告動画やプレゼン用動画の制作）、学術（教育用コンテンツや研究発表）、知識の伝達（教養講座や料理、工作などの方法の動画作成）といったさまざまな目的があります。目的に応じて、求められるスキルや完成イメージが異なります。一般には、とりあえず説明の内容が伝わればよいという考え方もあるでしょうが、一方で、ビジネスのプロモーションや芸術作品などは、非常に高度な編集や映像デザインの技術が必要になるでしょう。しかし、いずれの場合も、基本的な考え方は同じです。

◆映像編集に必要なソフトウェア

　初心者から利用できて、プロの使用でも対応できるような代表的な編集ソフトには、以下のようなものがあります。こういったソフトを使って、動画を編集していきます。

- **DaVinci Resolve**：無料版も充実した多機能ソフト。
- **Wondershare Filmora**：多機能ながら使い勝手のよい編集ソフト。
- **iMovie**：Mac や iPad、iPhone で無料利用可能なシンプルな編集ソフト。
- **Adobe Premiere Pro**：プロフェッショナル向けの高機能ソフト。
- **Canva Video**：画像編集のオンラインツール Canva に付属している動画編集機能。簡単な動画作成に特化している。

　これらの他に、Youtube や TikTok のように、動画をアップロードするプラットホーム自身が、簡単な編集機能を備えている場合もあります。用途に応じて使い分けるとよいでしょう。

◆基本的な編集環境

　動画は、画像が 1 秒間に 30 コマ近くもある膨大な情報量を扱います。そして、ただパラパラ漫画のように静止画を並べると、とてつもないファイルの大きさ（1 コマ 3MB だとすると、1 秒で 90MB、1 分で 5GB 以上）になってしまうため、前のコマから動きがあった（変化した）部分だけを抽出して

164　　　第 6 章　グラフィックデザインとビジュアルツール

記録するといった方式でファイルサイズを圧縮しています。そのために、動画編集ソフトは、膨大な量の計算をする必要があり、画像編集などと比べてかなりスペックの高い（性能の良い）パソコンが必要になります。例えば、最低でも以下程度の条件を満たした方がよいでしょう（2025年現在）。

- **CPU**：動画編集向けの高性能なもの
  （例）Core i5 や Ryzen 5 以上、できれば Core ultra 7 か Ryzen 7 など。
- **メモリー**：16GB 以上（32GB 以上推奨）。
- **ストレージ**：十分な空き容量を確保（SSD 512GB 以上を推奨）。
- **GPU**：グラフィックを扱う専用の処理装置（CPU の助手のように働くもの。第 1 章のコラム参照）があるとなおよい。

また、ストレージには、素材や完成動画を保存するために十分な容量を確保することも重要で、たくさんの作業をするのであれば、バックアップも兼ねた外付けの SSD などの購入も考えたほうが良いでしょう。

◆映像素材の収集とフォーマット

動画を作成するには、素材としての動画ファイル、写真（静止画）、音声ファイルなどを使用します。MP4 や MOV は、多くの編集ソフトで対応している動画の汎用フォーマットです。写真や画像は、デジカメなどでもよく見る JPG（Jpeg）や PNG などが一般的です。音声ファイルには、WAV、MP3、AAC、FLAC などがあります。

素材を揃えたら、それぞれを確認し、作りたい動画の順に並べて編集をしていきます（「基本的な編集操作の手順」参照）。必要に応じて形式を変換することもあります。なお、短い動画（クリップ）や画像、効果音などの汎用の素材をインターネットからダウンロードして使うこともできますが、使う場合は著作権に留意し、フリーに使える素材と明示してあるものを使うようにしましょう。

◆ソフトウェアのインターフェース

一般に、映像編集ソフトの画面は主に以下の 3 つで構成されています。

6.4　基本的な映像編集の技術

- **タイムライン**：動画や音声を並べる作業領域。
- **プレビューウィンドウ**：編集の様子を途中で確認する領域。
- **ツールパネル**：カット、トリム、移動などのツールを操作する領域。

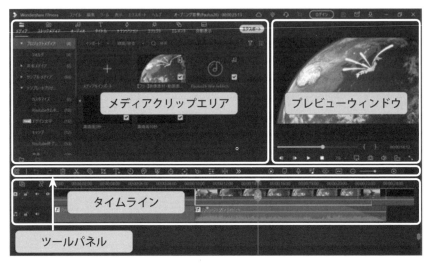

図6-6●Filmoraの編集画面

◆基本的な編集操作の手順

素材が揃ったら、動画の編集を行います。編集は、基本的に次のような手順で行います。

- **動画全体の構成の作成**：収集した素材をどのように並べ、どんな音声を入れるかといった計画を立てます。説明やナレーションを入れる場合はシナリオも用意すると良いでしょう。
- **クリップ[4]のカットとトリム**：使用するクリップ（素材の短い動画）を不要な部分を削除し、必要な場面だけにしたものを用意します（このトリム作業は、動画編集ソフト自体でできますし、先に読み込んでしまってからタイムラインで編集時に行うことも可能です）。
- **タイムラインへの配置**：クリップや静止画（写真など）など、使う素材

---

[4] クリップ：編集に使う素材の動画。通常は完成するビデオより短い「切り取った」部分なので「ビデオクリップ」「クリップ」と呼ばれる。

を使いたい順序にタイムラインに並べます。通常は、ファイルをタイムラインにドラッグ＆ドロップすると並べることができます。

全体に並べ終わったら、各クリップや静止画の時間を再度確認します。（このクリップは 35 秒使うとか、この静止画は 10 秒表示しておくなどと、確認していきます。）

- **トランジションの追加**：場面転換をスムーズにするための、フェードやワイプといった画面転換の効果を適用します。
- **テロップ（文字）の挿入**：映像の補足や解説・メッセージを伝えるために、必要に応じて字幕を追加します。
- **BGM や効果音の追加**：映像に合わせて背景音楽や効果音を挿入し、雰囲気を調整します。また、ミュージックビデオなどを作りたい場合は、先に音楽をタイムラインに入れてから、それに合わせて使いたい素材のクリップや静止画を並べていく場合もあります。

プレビューウィンドウで編集途中の出来具合を確認しながら、上記の作業を繰り返して動画の最後まで編集をします。プレビューウィンドウは、動画の編集途中の様子をリアルタイムで見られるようにするため、前述のような動画の圧縮の計算をきちんとはしない仕組みです。ですから、最後に保存してできあがる動画にくらべて、画像が荒くて動きが悪いようなことが多いです。

◆出力フォーマットと設定

プレビューウィンドウを見て、編集が完了したら、動画を保存（エクスポート）します。一般的なフォーマットは MP4 や MOV です。また、解像度（例：1080p、4K）やフレームレート（例：25fps、30fps）を設定して、用途に最適な動画を作成します。この動画の保存は、前述のように圧縮のための膨大な量の計算をする必要があるので、かなり時間がかかります。また、ここで CPU が非力だったりメモリーが足りないと、途中でソフトウェアが止まってしまうこともあります。

映像編集は、最初は複雑に感じるかもしれませんが、基本を押さえれば誰

6.4 基本的な映像編集の技術　　　　　**167**

でも始められます。短い数分の動画から始めて、徐々にスキルを磨いていくと良いでしょう。

=== 練習問題 6-2 ===

第3章や第5章、この章のCanvaの練習問題で作った自分が好きなものを紹介するビデオを作成しなさい。説明のシナリオをつくり、スマホなどで自分で解説をしてその様子を撮影しなさい。また、必要に応じて好きなものの画像や別に撮影された動画、説明の字幕などを併せて、動画編集ソフトで編集し、一本のビデオにしなさい。できあがった動画は、誰かに見てもらって評価をしてもらうとよいでしょう。

このようにビジュアルのデザインツールや映像編集ソフトを活用することで、誰でも簡単に、効果的なビジュアルコンテンツを作成することが可能になります。次章では、さまざまな作業を手伝って効率を上げてくれる、AIについて学びます。

第7章

生成 AI の利用

　この章では、AI、特に生成 AI の活用について述べます。2025 年現在、情報リテラシーの中で最も新しく、最も習得すべき知識は、生成 AI の使い方であると言っても過言ではありません。これからの時代、AI は人工知能の専門家などが使うツールではなくて、ワープロと同じように誰でもが使う基本的なツールになるからです。

　ですから、生成 AI が「どういったものなのか」、また、それを「どのように操作すれば上手に使えるのか」ということを知らないと、今後の生活全体に大きく影響します。ちょうど、今の時代にネットもスマホも使えないのと同じような感じになってしまうでしょう。

　そのため、この章では、パソコンで使う AI とはどのようなものかを説明し、また、生成 AI を上手に使うための指令（プロンプト）の出し方などについて学んでいきます。

※この章の情報はあくまで 2025 年 1 月時点のものです。AI の技術は特に進化が急なので、Web などで最新の情報を入手してください。

最近皆さんは、AIによる自動○○とかAIパソコン、ChatGPT、Copilot（コパイロット）といった言葉をよく聞くのではないでしょうか。近年、AI技術は飛躍的に進化し、特に生成AI（Generative AI）が注目を集めています。これは、文章（テキスト）や画像、音楽、動画などをリアルタイムに自動生成できるAI技術のことを指します。

代表的な生成AIとしてChatGPTがあります。ChatGPTは、OpenAI社が開発したテキスト生成AIで、2023年に生成AIブームの火付け役にもなりました。大量のテキストデータを学習[1]し、自然な文章を生成したり、質問に答えたりすることが可能で、これにより、文章作成の補助、アイデア出し、プログラミングのサポートなど、さまざまな用途で活用されています。

この章では、こういった生成AIについて学びます。

7.1 生成AIの基本と応用

◆ AIと生成AI

AIとは「人工知能」（Artificial Intelligence）のことで、学習、推論、問題解決、意思決定、自然言語処理などの能力を持つコンピュータの仕組みです。人工知能の研究は1950年代から始まりましたが、近年では、生活のあちこちで実用化されて使われています。身近な例では、AI画像診断や、写真の人物認識、自動車の自動運転や、通販サイトでユーザーが興味に基づいた商品を提案するといった仕組みがおなじみです。

そのような中で、2023年にはテキスト生成AIのChatGPTが、世の中によく知られるようになり、その中枢部分の技術を使ったBing Chat（現在のMicrosoft 365 Copilot Chat）も誕生しました。

Windows 11には2024年後半の更新で、テキスト生成AIをベースとしたCopilotが標準機能になりましたし、同年、MicrosoftはCopilotなどのAI機能を充分に発揮するためにAIパソコン「Copilot+ PC」の仕様[2]も提案して

---

[1] 「語彙」に相当する、学習している単語同士の関係を定義する「パラメータ」という値は、GPTの場合推定で数兆と言われている。

[2] Copilot+ PC：毎秒40兆回以上の演算能力を持つNPU（Neural Processing Unit）や、

います。

　Microsoft 以外にも、2024 年に発表された iPhone16 では、音声対話や写真の加工技術に AI が組み込まれており、Apple intelligence という AI 機能の搭載が発表されています（2025 年 2 月現在、アメリカでは使えるが、欧州の一部の国などではまだ使えず、日本では次の OS のバージョンから使用可と発表されている）。

　特に Copilot や ChatGPT などのテキスト生成 AI は、自動運転や通販のおすすめ広告機能のような特定の業務に専用のものではなく、汎用性が高いものです。単なる文章生成ツールではなく、業務の効率化を支援するパートナーとして使えます。これを使いこなせるかどうかが、これからの情報リテラシーを左右すると言っても過言ではありません。今、日常生活で、「ネット検索が使えない」とか、「スマホを使いこなせない」というと、かなり不便でしょう。一般の先進国で、ネットを使わずに（= Web 検索も、電子メールも、ネットバンキングも、ネット通販も、SNS も全く使わずに）生活するのは困難です。もしかしたら、今後 2 ～ 3 年のうちには、「生成 AI を使えない」という人は、今「ネットを使えない」というのと同じようになり、「情弱[※3]」などと呼ばれるようになってしまうかもしれません。

◆ ChatGPT とテキスト生成 AI の特徴

　ChatGPT は、テキスト生成 AI という、人間と自然な対話が可能な高度な一種の AI チャットボット（対話をするためのサービス）です。リアルタイムに文章（テキスト）を作り出すことができるので、さまざまなトピックについての質問に答えたり、求められた文章を書いたりすることができます。このシステムの中枢は、GPT（Generative Pre-trained Transformer）という大量の言葉を学習する LLM（大規模言語モデル。一説には言葉と言葉の関係性を兆を超える量の学習をしているとも言われる）という技術を使った AI の頭脳部分であり、インターフェースから入力されてきた文章（言葉の列）を瞬

　NPU に対応した CPU、16GB の高速メモリーなどを搭載していて、AI のリアルタイム処理をするために設計された PC。

※3　情報弱者の略。情報を効果的に収集・利用する能力が低い人を指し、ネットやデジタル技術に詳しくない人や、信頼性の低い人が該当する。しばしば、侮蔑の意味をこめて使われる。

7.1　生成 AI の基本と応用　　　　　**171**

時に解析して、その言葉の関係性から、その後に続く確率が高い言葉の列（文）を生成するという論理で動いています。

前述のように、GPT は Microsoft Copilot の頭脳でもあります。Bing Chat から進化した Microsoft 365 Copilot Chat も、背後で GPT を頭脳として回答を導き出しています。ですから、Copilot や ChatGPT は、厳密には GPT と対話をするための入出力の仕組み（インターフェース）部分だと言えます。

ここからは、こうした ChatGPT や Copilot を始めとするテキスト生成 AI や AI パソコンなどの具体的な使い方と、日常生活や仕事での応用事例を紹介します。

◆ ChatGPT と Copilot の基本機能

ChatGPT を使用するには、「chatgpt.com」という Web サイトにアクセスします。実際に使う方法は、最初の画面で、テキストボックスに質問文や指示文（プロンプト）を入力するだけです。

図7-1●ChatGPTの初期画面（2025年1月現在）

一方 Microsoft Copilot Chat は、Windows 11 の 2024 年後半のアップデー

ト（24H2）で、正式に使えるようになりました。青と赤のひし形のCopilotを示すアイコンがつき、これをクリックするか、新しいPCではCopilotボタン（またはAlt + スペース）を押すことでCopilotのインターフェースが立ち上がります。

図7-2●Copilotインターフェースを立ち上げた直後（Windows 11 24H2）。ここにプロンプトを書くと回答が得られる。

　これらの生成AIは、入力されたテキストをもとにして、即座に自然な返答をします。ですから、基本的な利用方法としては、天気や旅行、商品といったネット上の情報を、私たちが他人に聞くように検索してもらうということができます。その他に、アイデア出し、自分の中での情報の整理、決まったフォーマットの文章の生成、プランの作成など、さまざまなことをさせられます。例えば、「○○について説明をしたいのですが、トピックを10個挙げてください」とか、「○○について、△△△という風に考えているのですが、どのように考えを展開したら良いかいっしょに考えてください」といったことも可能です。「○○地方に旅行に行くのに良いプランを立ててください」といったことも簡単にやってくれます。また、兆の単位の「語彙（パラメータ）」を持っているので、翻訳も得意です。英文のメールをそのまま読ませて日本

語に翻訳させたり、日本語で返事を書いて「これを、英語のビジネスメールとして翻訳してください」などと指示すると、あっという間にそれなりにきちんとしたメールを作成してくれます。

　また、より専門的な知識が必要なトピックについても、一般的にネット上に情報があるような領域であれば、高い精度で情報を提供してもらうことが可能です。

　なお、2025 年 1 月現在では、ChatGPT の方が、長文や長い対話を扱うことに向いていると言われています。一方、Copilot は、Windows 11 ではいちいちブラウザを立ち上げなくてもすぐにインターフェースが立ち上がるので、ちょっとした調べものに向いています。

◆ ChatGPT や Copilot の応用例

　ChatGPT や Copilot などのテキスト生成 AI の応用範囲は広く、個人の日常生活からビジネス環境まで多岐にわたります。とにかく、文章や言葉（テキスト）を使った作業の手伝いなら何でもござれ、という感じです。以下、実際に ChatGPT を使った具体的な指示文（プロンプト）と、回答例をいくつか示します。

　まず、ChatGPT に「生成 AI の最新の使用例はどのようなものがありますか？ 10 個程度列挙してください」というプロンプトを与えてみました。それの回答が以下のものです。

生成 AI の最新の使用例として、さまざまな分野や目的で活用されています。以下に 10 個の使用例を挙げます。

1. コンテンツ生成（文章・ブログ・コピーライティング）
商品説明文、ブログ記事、広告コピーなどを短時間で生成。企業のマーケティング活動で広く使われています。

2. カスタマーサポート
チャットボットとして顧客の質問に 24 時間対応。自然言語処理を活かしてスムーズな会話を実現。

3. プログラミングの補助
コードの自動生成やバグ修正、コードの最適化を提案。初心者からプロまでの開発者が効率を向上させるために利用。

4. 教育と学習支援
教材作成、質問への回答、学習計画の作成。特に個別指導が難しい分野でのサポートに活用。

5. 翻訳とローカライゼーション
自然で文脈に合った多言語翻訳を提供。国際ビジネスや多文化交流に役立てられています。

6. 創作活動（音楽・アート・小説）
歌詞、絵画、写真加工のアイデア生成、小説のプロット作りなど、アーティストや作家を支援。

7. 医療分野での応用
診断補助、医療文献の要約、患者向け説明資料の作成。特に医師の負担軽減や、医療格差解消に役立っています。

8. マーケットリサーチと分析
顧客データの分析、トレンドの予測、新製品の市場可能性の評価。意思決定の迅速化をサポート。

9. 人材採用と職務適性診断
レジュメの分析、求職者への適性検査や面接準備の支援。採用プロセスを効率化。

10. ゲームとエンターテインメント
ゲーム内キャラクターの会話生成、ストーリーラインの開発、ユーザー体験のカスタマイズ。インタラクティブな体験を提供。

これらの使用例はあくまで一部であり、技術の進化に伴ってさらに多様な用途が生まれると考えられます。

7.1　生成 AI の基本と応用

この回答は、かなり的確です。特に、ChatGPT が膨大な言語情報を背景とした自然言語処理を得意としている、という特徴を生かした事例が上がっています。例えば、列挙されている事例の中の教育分野で、「個別指導が難しい分野」とは、個々の学生・生徒に合わせた広範囲の知識がないと難しいということであり、一人の教員の知識では困難なことを膨大な学習情報でサポートしてくれる良い事例です。

　また、最後にある、ゲームの「インタラクティブな体験」というのも、生成 AI ならではのものです。従来の RPG（ロール・プレイング・ゲーム）は、どんなにグラフィックが綺麗であっても、すでにプログラムで作られた地図の上を動きまわり、作られた会話をするようなことしかできませんでした（相手が人間のプレイヤーである場合は別ですが）。ところが、生成 AI の場合、その場でまるで人間を相手にしているようにゲームシナリオを生み出していってくれます。試しに、ChatGPT に RPG のゲームマスターをしてもらった対話が以下のものです。

私：あなたはダンジョンズ & ドラゴンズ[4] という ロールプレイングゲームを知っていますか？

ChatGPT：はい、知っていますよ。ダンジョンズ & ドラゴンズは、ファンタジー世界を舞台にしたテーブルトップ RPG ですね。プレイヤーがキャラクターを作成し、ダンジョンを探検したり、物語を進めたりするゲームです。プレイしたことはありますか？

私：はい、あります。では、あなたがゲームマスターになって、ダンジョンズ & ドラゴンズの世界で私を遊ばせてください。

ChatGPT：もちろん、喜んでお手伝いします！それでは、まずどんな冒険を始めたいかお聞かせください。例えば、探索、戦闘、謎解きなど、どんなシナリオがお好みですか？

私：そうですね。そしたら、探索をお願いします。

ChatGPT：了解です！では、古代の遺跡を探索するシナリオにしましょう。プレイヤーのキャラクターはどんな種族や職業にしますか？勇敢な戦士、知

※ 4　Dungeons & Dragons：1974 年にゲイリー・ガイギャックス（Gary Gygax）とデイブ・アーンソン（Dave Arneson）によって創設されたファンタジー・テーブルトップ・ロールプレイングゲーム（TTRPG）。ダンジョンマスター（DM）と呼ばれるゲームマスターが、プレイヤーに口頭で状況を説明してプレイヤーが行動を決めるというスタイルで、ゲームを進めていく。

恵ある魔法使い、それとも狡猾な盗賊など？

私：では、エルフで戦闘と魔法の両方に秀でた人になりたいです。

ChatGPT：素敵な選択ですね！エルフの戦士兼魔法使いですね。では、遺跡の入り口に立っています。古びた石の扉の前に、古代文字が刻まれています。どうしますか？

私：古代文字が読めるかどうかを試してみます。

ChatGPT：いいですね！エルフは古代文字に詳しいので、扉の文字を解読できます。それは「真実の言葉を語れ」と書かれていました。次にどうしますか？

私：それでは、自分が持っているものの中で真実な言葉に相当するものが何かないかを探してみます。

ChatGPT：素晴らしいアイデアです！探してみると、ポーチの中に「誠実さのルーン」が見つかりました。これを使って扉に触れてみますか？

……

　ごらんの通り、私はゲームのルールを教えてもいないし、もちろんプログラムをしたわけでもないのに、まるで、生きているゲームマスターが話をしてくれているかのように、私の回答を聞き取ってゲームを進めてくれます。これが生成 AI の力なのです。

　ChatGPT は、長文や長い対話に向いているので、クリエイティブな文章を生成するツールとしても有用です。実際、この本の執筆時も説明項目のアイデア出しや、校正などに役に立ってもらっています。具体的には、この本を書く際に、一番最初に、「初心者に向けた情報リテラシーのテキストを書くとしたらどのようなトピックを扱えばよいか」というようなアイデア出しをしてもらって、どのような章立てにすると良いかということも提案させてみました。その時に書いたプロンプトは次のようなものでした。

あなたは、日本の文系大学の大学 1 年生にリベラルアーツ科目で情報技術や IT を教える先生です。学生達に教える教科書を作ろうとしています。全体を 10 章程度で作るとしたら、どんな章立ての教科書にしますか？その章立ての案とそれぞれの中身の案を出してください。

なお、以下の条件を含んでください。

7.1　生成 AI の基本と応用

・コースの目的は、大学の学部や新社会人になったときに、パソコンや IT に苦手意識を持たないですむようにする。そのために、自力でさまざまな事を調べる能力をつける（ネット検索の能力など）。
・一通りのオフィスソフトの使い方は知った方が良いが、それを覚える必要はない。どんなことができるかを知って、やり方は都度調べる習慣をつけ、調べればやりたいことが自力でできることを目標とする。
・最初は、上位の者（教員・上司・外部の研究者など）へのメールの書き方や、ネットの危険性といったリテラシーを含む。
・オフィスソフト（Word Excel PowerPoint など）の基本的な使い方を含む。Canva などの Web サービスの使い方も含む。
・ChatGPT などの、テキスト生成 AI の使い方や、それ以外の生成 AI の使い方も含む。
・Google Forms などの使い方を含む。
・各章では課題のようなものを含め、スキルの定着を図る。

　このように、ChatGPT 自身の役割（この場合は、文系大学の一年生を教える教員）を明確にし、その役割の中でどのようなアイデアを出してほしいか（この場合では、学生たちに教える本の章立て）を、背景（この場合では、教科書を作りたい）も含めて伝えて生成してもらいます。その際に、自分で含めたい内容も入れておくと、それを加味した回答をしてくれるわけです。

◆テキスト生成 AI の長所

　ChatGPT や Copilot といったテキスト生成 AI の最大の強みは、とにかく自然言語を処理できるという柔軟性にあります。従来であれば、あらかじめプログラムされた言葉から選ぶことしかできなかったので、質問がある場合は、コンピュータ側が用意した FAQ（よく訊かれる質問集）から選ぶといった方式が一般的でした。極端な話、FAQ にないものは、類似の質問であっても回答してもらえませんでした。しかし、生成 AI では自然な言葉で対話が可能なので、普通に話しかけるように質問文を作ることができます。さらに、回答が自分の思ったものと違っていたら、「もっとこういうように回答してほしい」などと入力して、普通の会話のように修正してもらうこともできます。例えば、「地球温暖化について説明をしたいので、話すべきトピックを挙げて

178　　　　　　　　　　　　　　　　　　　　第 7 章　生成 AI の利用

ください」とプロンプトを書いたとして、その回答が専門性が低いと感じたら、「あなたは、気象と環境問題の専門家として、専門的な内容にも言及してください」と、さらに修正を加えてもらうことができます。さらに、でき上がってきた説明の文言が難しすぎると思ったら、今度は「あなたは専門家ですが、聴衆は小中学生を想定してください」といったように何度も対話をして、精度を上げていくことが可能です。このように、テキスト生成 AI では、どのように指示文（プロンプト）を書けばよいかを知っているかどうかで、結果が大きく違ってきます。

　コツとしては、最初のプロンプトでなるだけ丁寧に伝えることです。具体的にどんなプロンプトにすると良いかは、ネットにたくさんのプロンプト例集が出ていますから、真似をすることから始めると良いでしょう。

　さらに、ChatGPT や Copilot はマルチモーダルと言って、テキストを打ち込む以外に、画像の入力にも対応しています。例えば、外国語の歌の楽譜の写真を撮って ChatGPT にアップロードし、その歌詞の意味を教えて欲しいと指示をすると、歌詞の意味と解釈を回答してくれます。また、すでに、音声入力と出力の仕組みも実装しているので、先ほど書いたようなゲームもリアルタイムに音声での対話でできます。これを、英会話の練習などにも使うことが可能で、自分のレベルに合わせた対話をしてもらえます。

　このように、「自然言語を理解し、自然言語を生成して回答することが可能」という性質を持っているので、言葉を使って行う日常のさまざまな作業のアシスタントとして使うことができるわけです。

◆生成 AI の課題

　一方で、AI が生成する情報の正確性には限界があります。一つには、大量の言語モデルを学習させるのには時間がかかるので、常にネット上の最新の情報を元に回答を作成しているとは限らないことです。最近は、検索エンジンとの連携で、かなり新しい情報（天気予報など）や、Web ニュースでも見られるようなトピックについて対応をするようになりました。例えば、日本時間 2025 年 1 月 22 日の時点で、アメリカ時間 1 月 20 日のトランプ大統領の就任演説の内容の要約をしてくれました。しかし、このような Web か

らの情報と、学習をした言語モデルからの回答では、生成の精度に違いがあります。また、当然 Web で探すことが困難な情報については、最新の情報は入手できないことがあります。

それに加え、動作原理として「そこまで入力されたプロンプトや対話に対して、続く言葉として確率が高い文を作る」のであって、決して内容を「理解」したり、あるいは「感情として受け止め」たりして回答をしていないのです。ですから、必ずしも充分に正しくないことを回答したり、人の感情に配慮を欠いた回答をする可能性があります。そのため、使用する際には注意が必要です。

さらに、倫理的な問題が伴うこともあります。AI が生成する内容には、訓練データに含まれていた偏見が反映されるのです。そのため、言語モデルの訓練データの選定には細心の注意を払って作られているはずですが、インターネット上にある多くの情報にはどうしても偏りがあり、それを学習してしまうことは充分にあり得ます。

例えば、性別や民族に関する偏見やステレオタイプが回答の文に現れる可能性があり、これが社会的な誤解や不快感を引き起こすことがあります。身近な例としては、昨年の調査で「看護師」の絵を描かせたところ、女性の絵が多かったという事がありました。こういったバイアスは徐々に修正されてきています。ただし、それでも、人種、性別、宗教などに関するデリケートなテーマを扱う際には、特にその AI の倫理的な特性を考慮し、回答を鵜呑みにしたりそのまま使うのではなく、不適切なバイアスが入っていないか確認してから使うといった配慮が必要です。

7.2 他の AI ツールとの統合

◆ AI ツールの統合の概念

AI ツールの統合とは、異なる AI 技術を連携させることで、それぞれの機能を強化し、新たな価値を生み出すプロセスです。例えば、ChatGPT などのテキスト生成 AI を顧客サービスのチャットボットシステムに統合することで、自動応答の質を向上させることができます。また、画像認識 AI と組み合

わせることで、より複雑なデータ解析や対話が可能になります。

◆統合の利点

　AIツールを統合することには多くの利点があります。最も大きな利点は、効率性の向上です。複数のAIを連携させることで、一つ一つの作業で人間の介入を減らし、作業を自動化できます。さらに、異なるAIの専門性を組み合わせることで、より正確で包括的な分析が可能になり、高度な意思決定支援を提供できます。

◆具体的な統合例

- **カスタマーサポート**：前述のように、ChatGPTなどテキスト生成AIと、音声認識と応答を行うAIを組み合わせることで、テキストだけでなく音声による顧客対応も自動化し、顧客からの問い合わせに対して、24時間365日即時に対応することができます。
- **医療サポート**：日本の現行法では「診断」はできませんが、例えば、クリニックの受付や問診などを医療スタッフの代わりに行ったり、あるいは医師や看護師の判断までは必要ない範囲での病気・けがに対する質問に回答するといったことも、徐々にできるようになっていくでしょう。
- **自動運転のサポート**：自動運転AIとの連携で、すべての車がロボットのように対話可能となり、自動運転だけではなくて、さまざまな操作を音声の自然言語で話しかけると、返事をしてくれるようになるでしょう。1980年代初頭のアメリカで、自分で喋って、こちらの言うとおりに自動操縦で走る自動車の「ナイトライダー」というドラマがありましたが、半世紀近くたって、ようやくそれが現実のものとなろうとしているわけです。
- **データ分析**：テキスト生成AIをデータ分析ツールと統合することで、収集したデータからの洞察を文章形式で自動生成し、ビジネスレポートや市場分析、社会調査の結果レポートなどを効率良く作成することができます。これは、Microsoft 365とCopilotの機能である程度すでに実現されています（後述）。

7.2　他のAIツールとの統合　　　　**181**

- **テキスト生成 AI 以外の AI へのプロンプト作成**：AI のプロンプトを作ることは、それぞれの AI に特徴があるため、慣れるまではなかなかうまくいきません。例えば、この本の挿絵は、ほとんど画像生成 AI に書かせていますが、画像生成 AI に渡すためのプロンプトを、まず先にChatGPT に書かせています。次の絵は、この本の挿絵のためのプロンプトと、その時 ChatGPT を経由して Dall-E という画像生成 AI が出力してきた絵です。

図7-3●ChatGPTを経由してDall-Eに絵を描かせているところ

　このように、テキスト生成 AI を使って、他の AI の使い方を調べたり、他の AI 用のプロンプトを書かせたりすることができます。また、場合によっては、まだ英語でしかプロンプトを受け付けないような最新の AI システムに渡す英語のプロンプトを、日本語で指示して出力させることも、簡単にできてしまいます。

こういった意味でも、私たちはテキスト生成 AI を助手にしつつ、どんどん
と他の生成 AI を使いこなすようになっていくという言わば通訳の役目をさせ
るのも、テキスト生成 AI の上手な使い方と言えます。

7.3 Microsoft の Windows や Office の AI 機能

◆「Copilot」という名称について

Microsoft は生成 AI の機能を「Copilot（コパイロット）」というブランド
として、統合的に売り出そうとしています。その中には PC のハードウェア、
Windows OS、そして Office ソフトと 3 種類が混在しているので、各々の具
体的な説明の前に整理をしておきます。

- **Copilot+ PC**：AI の稼働を前提とした Microsoft が提案した、次世代
  Windows PC。
- **Windows の Copilot 機能**：OS レベルでのアシスタントとして、検索や
  パソコンの設定変更の一部をサポート。Copilot ボタンやアイコンのク
  リックなどでインターフェースが立ち上がる。
- **Microsoft 365 の Copilot**：Word や Excel、PowerPoint 内で文章の要約
  やデータ分析、スライドの作成を支援。

◆ AI 対応パソコンについて

前述のように、2024 年に Microsoft は、「Copilot+ PC」と呼ばれる次世代
AI パソコンを提案しました（第 1 章の章末コラム後半を参照）。

これらの要件を満たすパソコンは、AI 機能を高速化するように調整された
追加プロセッサを搭載しており、パーソナル・アシスタントやタスクの自動
化機能など、全く新しいパソコンの使い方を提供することを目指しています。
例えば、すでに 2025 年 1 月時点でも、ビデオ会議中に視線をそらしても常
にカメラを見ているように見せかける機能や、ペイントで画像を生成する機
能など、さまざまな AI 機能を搭載しています。

図7-4●Copilotキーが付いたパソコンの写真

　また、「Copilot キー」という新しいキーが付いているパソコンもあります。このキーを押す[5]と、Microsoft Copilot のインターフェースが立ち上がります。これは、Windows 11 の OS として追加された機能ですが、使い方によってはかなり便利で、いちいちブラウザを立ち上げなくても、ちょっと調べたいことをキーを押すだけですぐに調べることができます。この本の執筆中にも、よく使いました。感覚的には、助手とか後輩に「ねぇ、ちょっと○○について調べてくれない？」みたいに呼びかけるくらいの感覚です。（音声入力もできるので、その意味では、ほとんどそれと同じ状況がもう実現しているとも言えます。）

※5　Copilot キーがないパソコンでは、Alt + スペースに割り当てられます（Windows 11 24H2 更新以後）。

図7-5●CopilotインターフェースにAlt＋スペースキーを割り当てる

◆ Microsoft 365 の AI 機能について

　すでに Microsoft Office 2024 や、Microsoft 365 の画面については紹介してきましたが、20xx シリーズに比べて 365 の大きな違いは、AI 機能が Office ソフトに組み込まれていて、作業を AI が補助してくれるということです。例えば、Excel 365 であれば、「データ分析」という AI 機能があり、入力されているデータから自動で分析を提案してくれます。これは、社会調査などの場合にも非常に心強い機能でしょう。

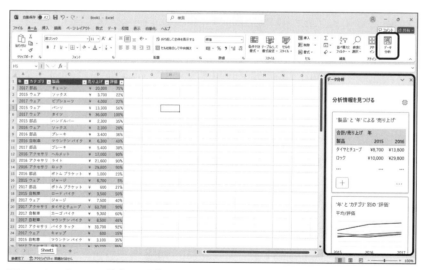

図7-6●Ecxel 365の「データ分析」の画面

　同様に、Word 365 であれば、「エディタ」という AI 機能があり、書かれ

ている文の内容を校正してくれます。

　また、PowerPoint 365 では、スライドの中にあるキーワードに合わせて
スライドをデザインしてくれる「デザイナー」という機能があります。さら
に有料の Copilot+ を契約していれば、Microsoft 365 の製品に AI アイコン
が現れ、いちいち Copilot インターフェースの画面からコピペをしなくても、
アプリケーションの中で直接文を書かせるといったこともできるようになり
ます。このように、ChatGPT がどちらかというと自然言語による自由な対話
を得意としているのに対して、Microsoft の Copilot は、主に Office ソフトや
Edge といったアプリに AI の機能を付け加えるように設計されています。

7.4　生成 AI の今後について

◆さまざまな生成 AI

　テキスト生成 AI には ChatGPT や Copilot 以外にも、長文に強い Claude2
や検索に強い Perplexity AI などがあり、2025 年 1 月には中国が突然発表し
た DeepSeek が話題になりました。これらのうち多くのものは、無料でもあ
る程度の機能は使えるので、興味があればそれぞれを使って比較してみるの
もよいでしょう。

　また、テキスト以外でも画像生成 AI や音楽生成 AI、動画作成 AI などさま
ざまなものがあります。いずれも簡単なイメージを入力したり、歌詞を入力
したりするだけで、絵を描いてくれたり、音楽を作ってくれたりします。前
述のように、テキスト AI と対話をして、これらの AI に渡すためのプロンプ
トを書かせたり、修正することも可能です。

◆生成 AI の進化

　テキスト生成 AI の進化の速度は、日進月歩というより「秒進分歩」とでも
言えるほどです。この原稿を書いている 2025 年 1 月の時点で最新の情報で
あっても、3 カ月後には陳腐化し、半年後には全然別の情報になっている可
能性もあります。

例えば、2023年の段階でChatGPTは3.5というバージョンで、かなりいろいろ使えはしましたが、まだ信頼性に乏しく、データも「最新のものは知らない」という状況でした。それが2024年には、4、4oというバージョンが出てきて、信頼性も上がり、出力の品質も上がりました。しかし、検索エンジンと違って最新情報は持っていないという弱点はまだありました。その意味では、Bing ChatやGoogle Geminiの方が検索エンジンとの統合が早く、いち早く最新のデータも回答するようになりました。しかし、今では、ChatGPTも含めて、どれでも質問に最新のデータとそれを参照したページまで回答してくれます。

　そして、テキスト生成AI以外の生成AIやその他のAIも、すべて、ものすごい速度で進化しています。ですから、この本のAIに関する部分は、基本的に「どういうものか」という理解に留め、ネットニュースやYouTubeの解説動画などで最新の情報を入手してください。特に、「最新機能」について書いた部分は、皆さんがこの本を読んでいる時点でもう「最新」ではないかもしれません。ただ、未来に目を向けると、生成AI抜きで情報リテラシーは語れないということは間違いないと思います。

◆生成AIがもたらすもの

　すでに世の中には、画像生成AIで描いた絵があふれています。例えば、私は絵が下手で、一般の幼稚園生よりもひどいレベルです。しかし、今回、この本の表紙や挿絵は、全部私がAIに描かせたものです。このようなことは、従来のイラストレーターの職業を奪ってしまうことにもつながると同時に、私のように絵を描くことができなかった人にも門戸が開かれたということにもなります。そして、大切なことは、AIで絵を描くイラストレーターは、「AI絵師」などと言われて、**新しい職業のジャンルになっている**ということです。

　例えば、フォトレタッチという写真の中にある余計なものを消したり修正したりする技術があります。これは、昔は写真フィルムに直接剃刀のようなカッターで細かく修正を加えたり、フィルムの一部分を隠して他の部分だけ露光を強くして写真の色にメリハリを付けたりといった手作業の技術で、今では「アナログレタッチ」と呼ばれます。これが、デジタルになって、フォトレタッチ専用のソフトウェアができ、デジカメで撮った写真をいろいろ調

7.4　生成AIの今後について

整することが非常に簡単にできるようになりました。もはや、アナログレタッチの技術を持っている人の仕事はなくなってしまったわけです。しかし、さらに今は、わざわざフォトレタッチソフトを使わなくても、AIが最も綺麗な色調に自動で調整してくれたり、写りこんでいる余計なものは画面を触るだけで、簡単に消してくれたりします。もはや、アナログレタッチどころか、フォトレタッチソフトのスキルすら一般には不要になりつつあるわけです。

　このような世界で、よく学生から訊かれるのが、将来AIにすべての仕事を奪われてしまうのではないかという不安です。不安なのは本当によくわかります。しかし、技術の進歩はいやおうなしに一部の職業を奪うと同時に、新たな職業を生み出すのです。ガス灯のランプの点火人という仕事がなくなり、電気工事技師が自動で点灯できるようにしました。活版印刷工（活字拾い）という仕事がなくなり、デジタル印刷やDTPの技術者が活躍していますし、電話の交換手の仕事はなくなりましたが、コールセンターのオペレーターの仕事ができました。馬車の御者という仕事もなくなりましたが、運転手という仕事になりました。そして、今度はAIの登場によって、再びそのように変化が起きようとしているだけです。おそらく路線バスやタクシーは自動運転化が進むでしょう。コールセンターのオペレーターは、AIが音声で的確な返事をするようになるかもしれません。でも、前述のAI絵師のように、新たな仕事がまた生まれるのです。

　AI絵師は、絵のデッサン力などはない人でもすばらしい美人やかっこいい人、美しい絵などを描くことができます。しかし、「どんな絵を描きたいか」ということを、AIに言葉（プロンプト）で教えなくてはなりません。このやりたいことを言葉にする「言語化能力」というのが、私たちにこれから求められる力なのだと思います。

　私はよくAIを使う人を映画監督にたとえます。映画監督という人は、一般に演技もしないしカメラで撮影もしません。でも、「作りたいもの」があって、それを言葉で伝えて、俳優に演技をしてもらい、カメラマンに撮影をしてもらいます。音響、照明、そのほかさまざまなスタッフに言葉で指示をして、自分が作りたい理想に近づけて映画を作って行くのです。これから、私たちは、AIを助手としてAIに向かって、自分がやりたいことを指示するのが一つの仕事のスタイルになるでしょう。どんな文章を書きたいのか、どん

な絵を描きたいのか、どんな音楽を作りたいのか、どんな動画を作りたいのか。どんなデータを集めたいのか、どんな風に分析したいのか。言葉で指示をすれば、結果は AI が作ってくれます。その意味で、私たちに残される究極の仕事は、「私たちが何をしたいのかを考え、それを伝えること」になるのではないか、と、学生の質問には答えています。そして、その前提として、私たちはどんな社会や環境で生きていきたいのか、そこでどんな仕事や趣味・活動を行いたいのかということを意識し考え続けることが、これからますます大切になるだろう、ということなのです。

===== 練習問題 7-1 =====

あなたが好きな歴史上の人物や有名人などで、実際には出会うはずのない 2 人を選び、ChatGPT か Copilot などを使って、仮想の対談のシナリオを書かせなさい。また、対談の場所や時代、背景の情報などをプロンプトに加えることでシナリオがどのように変化するかを確認しなさい。

次章では、視点を変えて、どんな社会になるのかといった意思や意見をきいたり、社会調査をしたりするための方法について学びます。

第8章

データ収集と
アンケート作成

　私たちは、さまざまな場面でデータを収集して分析することが必要になっています。前章までは、データを分析したり加工したり、文書化や発表をしたりするツールについて学びましたが、この章では、データの収集方法の一つである、Web のアンケートについて学びます。

　アンケートといっても、いわゆる世論調査や社会調査のようなものだけではなく、入力フォームなどにも使える技術です。

　ここでは、Google Forms を例にとって見ていきます。

私たちは、日常のビジネスにおいても、あるいは学業や研究の場において
も、データを収集し、それを分析して、発表をするということをよく行います。
例えば、ユーザーにアンケートを行い、その結果を分析して、新商品の開発
をするとか、あるいは学業や研究の場で、質問紙調査によってアンケートに
よる社会調査をし、その結果を学術研究して、新規性のある論文として発表
するということもあるでしょう。また、例えば、なんらかのイベントやサー
クルなどの申し込みサイトを作り、参加者に住所・氏名・連絡先などを入力
してもらって、参加者名簿を作るといったこともあるかもしれません。この
ように、データ収集というのは、その後でそのデータを使って行う研究や開
発、イベントなどのための、いわば最初の作業ということもできます。

　データ収集の方法としては、もちろん紙に書いてもらうということも可能
でしょうが、現代ではほとんどが Web による電子的な入力が主力です。皆
さんも、さまざまな Web での「フォーム」に入力をするといった経験があ
るでしょう。この章では、誰でも無料で使える Google Forms のフォーム作
成と使い方について学びます。なお、Google Forms の他に、Microsoft 365
のユーザーには Microsoft Forms というものもありますし、それ以外にも有
料のさまざまな Web フォームの仕組みがあります。必要に応じて、ChatGPT
や Copilot などに「Web フォームにはどのようなものがありますか？それぞ
れの特徴について簡潔に教えてください」などとプロンプトを書いて質問を
してみると、列挙して特徴を答えてくれます。

8.1　Google Forms の基本

◆フォームの作成

　Google Forms は、前述のように、アンケート、イベントの参加者登録、研
究データ収集など、さまざまな用途に利用できる便利な Web フォームです。
紙のアンケートを作る感覚で直感的にフォームを作成できます。

　具体的には、Google Forms と検索をして、Google の ID でログインすると、
フォームを作成・編集する画面（オンラインフォームビルダー）に入ります。
ここで、新しいフォームを作成します。この時に、空白のフォームを選んで

最初から質問を作っていくこともできますし、テンプレートギャラリーから、目的に合ったフォームを選んで、それを編集することも可能です。

図8-1●Google Formsで最初にテンプレートから目的のフォームを選ぶ画面

質問のタイプもさまざまな種類が用意されています。選択式（1項目選択、複数選択）、記述式（短文、長文）、ドロップダウンメニュー、スケールなど、目的に応じて選べます。フォームの各質問は、回答必須に設定することも、任意にすることも可能です。

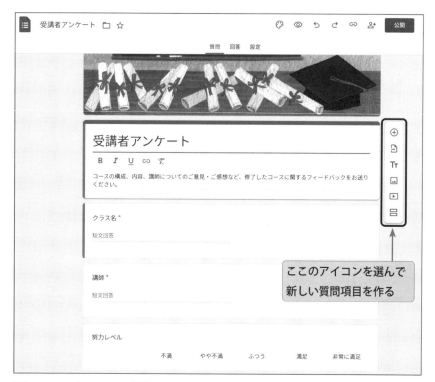

図8-2●Google Formsの編集画面。フォームのテンプレートを使って受講者アンケートフォームを作っているところ。右側の縦に並んだアイコン（枠で囲った部分）をクリックすると、新しい質問項目や説明文などを追加することができる。

◆回答の収集と分析

　フォームが完成したら、「公開」ボタンを押すと、そのフォームの公開URLを取得することができます。そのURLをメールやメッセンジャー、SNSなどを通じて回答者に送り、答えてくれるように依頼します。回答者がフォームに答えて送信すると、データは自動的に収集されます。収集したデータはリアルタイムでGoogle Formsに集まり、結果はグラフなどで視覚的に見ることもできます。また、回答結果はさらに詳細な分析のためにGoogle Sheetsに簡単にエクスポートができますし、さらに、それをExcel形式でダウンロードすることも可能です。Excelファイルにすれば、データのトレンドを見たり、グラフやチャートを用いてレポートを作成することなどもできます。

◆アンケートの設計と実施方法

　良いアンケートを設計するには、明確で簡潔な質問を用意することが重要です。質問は具体的で、解釈の余地がないようにすることが望ましいです。また、アンケートの結果を捻じ曲げる（バイアス）ことを避けるために、導入的な言葉や誘導質問を避けるべきです（※コラム参照）。アンケートの実施にあたっては、目的と対象者を明確にし、適切なタイミングで配布することで、高い応答率と有用なデータを得ることが可能です。

アンケートを作成する際に避けるべき表現

　アンケートを作成する際には、公平性や正確性を確保するために避けるべき導入的な言葉や誘導質問があります。以下は具体的な事例です。

避けるべき導入的な言葉の例

1. 「みんなは…」「人々は…」
   例：他の人々がこの製品を好んでいるという事実を聞いたことがありますか？
   問題点：回答者に他人の意見を参考にさせようとすることで、個々の意見が影響を受ける可能性がある。

2. 「多くの専門家は…」
   例：多くの専門家はこの新しい政策を支持していますが、あなたはどう思いますか？
   問題点：「専門家」の意見だという表現をすることで、回答者はその意見に同調してしまう可能性がある。

避けるべき誘導質問の例

1. 質問文の中に、明確な意見を含むような質問
   例：この製品は素晴らしいと思いませんか？
   問題点：質問自体が肯定的な意見を含んでおり、回答者がそれに同調するよう誘導している。

2. 選択肢が偏っている質問
   例：どのくらい満足していますか？（非常に満足、満足、まあまあ、不満）
   問題点：選択肢が肯定的な方向に偏っており、本音が「不満」であった

8.1　Google Forms の基本

としても、それを反映することが難しい。

3. 回答の選択肢が限定的過ぎる質問
   例：この製品の価格についてどう感じますか？（高すぎる、適正、安すぎる）
   問題点：「高い」「安い」といった中間的な意見や具体的な金額に対する
   意見の選択肢がないことで、回答者の意見を適切に反映できない。

　アンケートを作成する際には、回答者が自身の意見を自由に表現できるよう、
中立的で明確な質問を心がけるべきです。

8.2　アンケートの設計と実施方法

　前節で、Google Forms を例に、アンケートをとるための Web フォームの
作り方を学びました。しかし、実際には、アンケートを使って情報を収集す
るために、フォームを作るより前に、調査全体をきちんと設計をする必要が
あります。

◆アンケート設計の基本

　アンケートは、情報を収集し、意見や傾向を把握するためのツールです。
良いアンケートを設計するためには、最初に明確な目的の設定が必要です。
次にその目的のために、何が知りたいのか、そのためにはどのような情報が
必要なのかを考えます。そして、その情報を得るためには、どのような質問
項目が必要なのかを定義します。同時に、必要な情報を得るには、どのよう
な回答者に回答をしてもらうのか、また、何件くらいの回答を集めたいのか
といったことも考えておきます。これがアンケートの全体構造と各質問の基
盤となります。

◆質問の形式とその選定

　質問の形式はその目的によって異なりますが、一般的には以下のような種
類があります。これらから、実際にどの質問項目には、どのスタイルの質問

196　　　　　第 8 章　データ収集とアンケート作成

にするのかを考えます。

- **閉じた質問**：選択肢から一つを選ぶ形式で、データの分析が容易です。例えば「はい / いいえ」や多肢選択問題がこれに該当します。
- **開いた質問**：自由記述式で回答者の意見や感想を詳細に聞くことができます。データ分析は難しくなりますが、より深い洞察が得られます。
- **スケール質問**：満足度や同意の程度をスケールで評価させる方法で、回答者の感情や評価を定量的に捉えることができます。よく「あなたは○○について満足ですか？」という質問に、5とても満足、4やや満足、3どちらでもない、2やや不満足、1とても不満足、というような解答欄があるものがスケール質問です。

◆調査の実施

　アンケートを効果的に実施するには、配布方法とタイミングが重要です。オンラインであれば、メールやソーシャルメディアを通じて広範囲に配布することが可能です。紙ベースの場合は、郵送や会場での配布が一般的です。この時に、アンケートの設計時に考えた「誰に」「何件くらいの」回答を求めたいのかの目標に合うような配布方法を考える必要があります。

　アンケートの回答率を高めるためには、回答のしやすさを考慮し、QRコードを使ったり、質問の数を調整することも検討します。また、必要な場合は回答者にインセンティブ（回答をしたくなるような謝礼）を提供することも有効です。例えば、「回答者の中から抽選で○○名様に、○○をプレゼント」などは、よく見るインセンティブです。

◆データの分析と報告

　集めたアンケートデータの分析は、収集した情報から有益な洞察を引き出すために不可欠です。データはグラフや表にまとめ、統計的な分析を行うことで、回答者の意見や傾向を見出し、報告します。

　最終的な報告では、研究の目的、方法、主要な発見、および推奨事項などを明確に記述し、関係者に対して情報を効果的に伝えます。

8.3 データ分析の基本

◆データ分析の目的

データ分析は、収集した情報から有意義な洞察を得るためのプロセスです。もちろん、イベントなどの申し込みフォームなどで分析を必要としない場合もありえますが、一般的にアンケート結果で何かを知りたいと思ったら、分析は必須です。アンケート結果やその他のデータソースからパターンやトレンドを発見し、具体的な行動や改善策を提案したり、研究結果として発表するために利用されます。正確なデータ分析により、事実に基づいた意思決定が可能となり、ビジネス戦略や教育プログラムの効果、また政策決定といったことに使うことができます。

◆基本的な分析手法

データ分析にはいくつかの基本的な手法があります。

● **記述統計**：データセットを要約し、平均値、中央値、標準偏差などの統計を用いて記述します。これにより、データの一般的な傾向や分布が理解できます。
● **クロス集計**：二つ以上の変数の関係を調査するために使用され、変数間の相互作用を視覚的に表現する表やグラフを作成します。例えば、顧客満足度と購入頻度の関連を調べるといったようなものが、クロス集計です。
● **トレンド分析**：時間の経過とともにデータがどのように変化しているかを分析します。この手法は、特定の期間にわたる変動を追跡し、将来の動向を予測するのに有用です。

データ分析を行う際、基礎的な分析は Excel や Google Sheets のようなスプレッドシートで行うことが可能です。すでに学んだように、これらのツールは、データの整理、基本的な計算、グラフの作成を容易に行えます。また、Excel 365 にはデータ分析ボタンもついていて、簡単な分析を行うこともで

きます。さらに高度な分析が必要な場合は、SPSS や R や Python[※1]のような、プログラミング言語を使用するデータ分析ソフトウェアを使うこともあります。これらは、専門的にも使われる、強力な分析ツールです。

◆分析結果の解釈と報告

　データを分析した後は、その結果を解釈し、報告することが重要です。データの意味を正確に伝え、具体的な推薦や予測を提案することが大切です。報告は、グラフや表を用いて視覚的に表示し、結果の背景に読み取ることができる「文脈（コンテキスト）」を説明することで、より理解しやすくなります。

　効果的にデータ分析を行えば、膨大なデータからも何らかの傾向や関係性といった、意味のある情報を抽出することができるでしょう。それは、何らかの洞察をする鍵になります。この章では、データの収集の仕方や、分析をするためのツール名を挙げたにすぎませんが、さらに必要な場合は、統計分析や調査法について学び、データに基づいた確かな研究結果やアイデアの創造、あるいは意思決定を行うことに繋げていくと良いでしょう。

　次章では、情報技術を活用した、具体的なプロジェクトを行う事例を見ていきます。

※1　SPSS：社会科学分野で広く使われる統計解析ソフトウェア。簡単な操作で多様な統計手法を実行可能。

R：オープンソースの統計計算およびグラフィックのプログラミング言語。高度なデータ解析とグラフ化などのビジュアライゼーションに向いている。

Python：多用途プログラミング言語。豊富なライブラリを持ち、データ解析、機械学習、ウェブ開発などに対応している。

8.3　データ分析の基本

第 9 章

プロジェクト・マネジメントと管理ツール

　私たちが何か仕事や学業、趣味をするとき、毎回同じことをすることはまれです。むしろ、毎日なにかしら新しいことにチャレンジし、経験をしていくことが多いのではないでしょうか。新しい分野の仕事、新たなチームでの課題。個人的なことであっても、新しいレポートを書く、新しい報告資料を作る、趣味で今までやったことのないことに挑戦する……。そういったことはすべて、計画し、実行して、目的の成果を得るという意味で、広義には「プロジェクト」だということができます。

　毎回同じルーティーンを実行することには、都度計画は必要ありませんが、プロジェクトは毎回することが違うので、丁寧に計画し、目的を達成できるように実行を管理（プロジェクト・マネジメント）することが必要になります。

　この章では、今まで習ったツールを上手に使って、そういったプロジェクトを管理する方法の基礎を学びます。

9.1 プロジェクト・マネジメントの基礎

◆プロジェクト・マネジメント（管理）とは

「プロジェクト」とは、特定の目標を達成するために必要な活動を計画・実行し、計画した期間・コスト・成果物のクオリティを守って目標を達成することです。これに対して、毎日の食事・身支度・通勤・通学など、同じルーティーンを繰り返すことを「プログラム」と言います。プロジェクトは、プログラムと違って毎回異なることを行います。そのために必ず計画をすることから始め、実行し、成果を得て終了します。プロジェクト・マネジメント（プロジェクト管理）とは、そのプロジェクトを管理するプロセスです。これには、タスクの割り当て、期限の設定、リソース（人員・資金・資材など）の配分などが含まれます。

現在、私たちの生活や学業、仕事において、日々のルーティーン以外のほとんどは、プロジェクトです。具体的に学生や新社会人が関わるプロジェクトには、大学のグループ課題、イベントの企画、職場での小規模な仕事や活動などが考えられるでしょう。そして、そのほとんどが、何らかの形で今まで学習してきた、情報処理のスキルを使うものです。

◆プロジェクト管理のライフサイクル

プロジェクト管理には、「開始」、「計画」、「実行」、「コントロール」、「終了」という五つの段階があります。それぞれの段階で以下の活動が行われます。

- **開始**：プロジェクトの目的や範囲を定義します。これは、プロジェクトを成功させるための基盤を築く段階です。
- **計画**：プロジェクトを実行するために、タスク（何をしなくてはならないか）を挙げて、それを管理できるくらいの規模まで分けます。タイムライン（いつまでに何をするか）を作成し、タスク一つ一つに、必要なリソース（人員、資金、資材など）を割り当てます。また、タスク間で、「この仕事が終わらないと、こちらにとりかかれない」といったような依存関係も明確にしておきます。この時点できちんとした計画を立てられる

かどうかが、プロジェクトの成功の鍵になります。

- **実行**：実際に計画したタスクを開始し、チームメンバーがそれぞれの役割を果たします。

- **コントロール**：プロジェクトの進行状況（進捗）を定期的にチェックし、計画からの逸脱を修正します。プロジェクトが予定通りに進むように管理し、想定外のことが起きた場合には、全体の影響を見つつ修正をしていきます。

- **終了**：プロジェクトを正式に閉じ、研究成果として報告・発表したり、成果物を顧客やステークホルダーに納品したりします。その後には、必ずプロジェクトをふりかえって評価を行い、次のプロジェクトに活かすための課題を共有します。

◆タスク管理の技術

プロジェクトを効果的に管理するためには、大きく何をしなくてはならないかという大項目を挙げ、その項目の中でしなくてはならないことを細分化して、タスクを定義していきます。タスクが明確になったら、それぞれの依存関係を確認し、タスクごとに優先順位をつけます。また、タスクごとに終了期限を設定し、誰が責任を持つかも決めます。これを行うことで、全員が自分の責任範囲を理解し、プロジェクトの全体的な進行をスムーズにします。

◆プロジェクト管理ツールの利用

プロジェクト管理のための最も基本的な方法は、ガントチャートを使うことです。これは、プロジェクトで行う仕事の単位ごとに日程を線引きしたもので、Google Sheets や Excel で作成可能です[1]。

プロジェクト管理の基礎を理解することで、学生や新社会人でも、大学の課題や職場で新たに与えられた課題や仕事を、確実に行うことができるようになります。次節では、まず、プロジェクト内でのコミュニケーションについて学びます。

---

[1]　もしさらに効率的に管理したいのであれば、Trello や Asana といったプロジェクト管理の専門ツールを使用することも可能です。これらのツールについては 9.3 節で紹介しています。

9.1　プロジェクト・マネジメントの基礎

9.2 チームでのコミュニケーションの重要性

◆プロジェクトチームでのコミュニケーションとは

　プロジェクトを成功させるためには、単に作業を分担するだけでなく、チーム内での円滑なコミュニケーションが欠かせません。

　特に、オンラインツールを使ったリモートワークやハイブリッドな働き方が広がる中で、適切な情報共有とフィードバックの仕組みを整えることが重要になります。

◆コミュニケーションの方法

- **定期的なミーティング**：プロジェクトの進捗を共有し、メンバー同士で互いの問題点や困りごとなどの情報を得るために、定期的にミーティングを行います。定例ミーティングを決めておくと、問題を早期に発見し、解決策をチーム全体で考えることができます。定例ミーティングは、常にメンバーが教室で集まる授業やサークルなどでない場合には、Zoomのようなオンライン会議システムを適切に使って、集まるための時間を効率化することも考慮します。
- **役割と責任の明確化**：各チームメンバーの役割と責任を明確にすることも大切です。誰が何をすべきかを明確にすると、作業の重複や漏れを防ぐことができます。
- **オープンなコミュニケーションの確保**：メール、チャットツールの他に、グループウェアと呼ばれる Slack や Band、また、会議ツールの Zoom や Microsoft Teams など、複数のコミュニケーションチャネルを活用すると、情報の透明性が保たれ、アクセスも容易になります。（無論、実際に対面でのコミュニケーションが可能であれば、それも重要です。）

◆コミュニケーションに大切なこと

　コミュニケーションを行う際には、対面でもオンラインでも、以下の点に注意が必要です。

204　　　第9章　プロジェクト・マネジメントと管理ツール

- **アクティブリスニング**：相手の話を積極的に注意深く傾聴することで、理解を深め、信頼関係を築きます。これは、よくカウンセラーも使う手法ですが、相手の言葉を反復して確認する、相手に適切な質問をすることで物事を明確化するといった技術が含まれます。
- **明確かつ簡潔な伝達**：コミュニケーション場での発言では、情報を簡潔かつ明確に伝えることが求められます。余計な情報を省き、ポイントを絞って、順序立てて論理的に伝えることが大切です。
- **フィードバックの正しい提供と受け入れ**：プロジェクトの途中で互いに意見を言い合うことは大切ですが、単純に批判をするのではなく、建設的なフィードバックを提供するようにしましょう。またフィードバックをされたら、反感を持たずに冷静にそれを受け入れることで、個人とチームの成長に繋がります。フィードバックは具体的で公平であるべきですし、受ける側はそれを自身の成長の機会として捉えることが重要です。

効果的なチームコミュニケーションは、プロジェクトを円滑に進めるための鍵です。このようなポイントを意識すると、プロジェクトの進行がスムーズになり、チーム内での認識のズレが減って、成功の確率を上げることができます。次節では、簡単なプロジェクト管理ツールの使い方を紹介し、具体的な技術を学びます。

9.3 プロジェクト管理の専門ツールの簡単な紹介

◆プロジェクト管理ツール

プロジェクトの進行を確実にするために、プロジェクト管理の専用のツールがあります。このようなツールは、チーム全体でタスクの進捗を共有しながら作業を進めるのに有用です。

代表的なプロジェクト管理ツールには、Trello や Asana といったものがあります。

一方で、第 4 章では、Excel や Google Sheets を使ったタスク管理についても触れました。Excel はデータの整理や集計を自由に行うことができるの

で、個人や小規模チームでのタスク管理に向いています。

ツール	特徴	適した用途
Excel/ Google Sheets	自由度が高いが、リアルタイム同期が難しい	個人のタスク管理、データ分析を伴うプロジェクト
Trello	視覚的にタスクを管理しやすい（カンバン方式）	チームでのタスク共有、進捗管理
Asana	タスクの依存関係を細かく設定可能	大規模なプロジェクト、複数のメンバーが関与する業務

◆ Trello の特徴

Trello は、カンバン方式でタスクを管理するツールです。

カンバン方式とは、タスクを「ToDo（やること）」「進行中」「完了」などのリストに分け、ドラッグ＆ドロップで進捗を管理できる仕組みです。無料版でも基本的な機能を使うことができます。

- シンプルな操作性（カードを動かすだけで進捗を管理できる）
- 視覚的にわかりやすい（一目でタスクの状態がわかる）
- チームでの共有が簡単（複数のメンバーで同時編集が可能）

Trello は小規模〜中規模のプロジェクト向きで、特に、プロジェクトの進行を「見える化」したい場合に適しています。

◆ Asana の特徴

Asana は、タスクの依存関係を設定できるプロジェクト管理ツールです。Trello と比較すると、タスク、サブタスク、プロジェクト、タイムラインなど、多機能でより詳細な管理が可能です。

- タスクの担当者・期限を細かく設定（プロジェクト全体の計画を立てやすい）
- ガントチャートでの管理が可能（タスクの優先度やスケジュールを可視化する）
- ワークフローの自動化（ルーチンワークを効率化できる）

Asana は、中規模から大規模なプロジェクト、複数のチームが関わるような、複雑なプロジェクトを計画的に管理するのに適しています。

◆ツールの選定と活用

　プロジェクトの種類や規模、チームの構成によって、最適な管理ツールは異なります。Trello や Asana のような専門のツールを活用することで、タスクの「見える化」、チームメンバー間のコミュニケーションの向上、プロジェクトの効率的な管理が可能になります。しかし、より小規模のプロジェクトの場合は、例えば、Google カレンダーの共有と Google Sheets や Excel などの上に書いたガントチャートでも、十分にプロジェクトの進捗の可視化と共有をすることも可能です。

表計算ソフトでシンプルなガントチャートを作る

　ガントチャートは、プロジェクトの計画や進行状況を視覚的に管理するためのツールです。横軸に時間（例：日、週、月）を取り、縦軸にタスクや作業内容をリスト化して、各タスクがどの期間に行われるかを棒状のバーで示します。以下のような特徴があります。

(1) 視覚的で分かりやすい：
　　タスクの開始日、終了日、作業期間が一目でわかるため、スケジュール全体を把握しやすいです。
(2) タスク間の関連性を示せる：
　　特定のタスクが他のタスクに依存している場合（例：A が終わらないと B が始められない）、それを矢印や線で表現することができます。
(3) 進捗状況の確認が容易：
　　進行中のタスクや完了したタスクを色分けすることで、計画通りに進んでいるかどうかを確認できます。

Excel や Google Sheets（Google スプレッドシート）でもガントチャートは作成可能[2] です。ガントチャートを作成する際には、以下のようなことに注

---

[2]　Excel 365 などでは、テンプレートにすでにガントチャートが用意されています。また、ネットで検索すると、Excel で使えるガントチャートのファイル例なども見つけることができます。「Excel ガントチャート 作り方」「Excel ガントチャート テンプレート」などといった言

意します。

- 日付形式を統一する：
  ガントチャートの横軸（時間軸）は日付が基本となります。すべてのセルに同じ日付形式を適用することで視覚的に見やすくなります。
  例：YYYY/MM/DD 形式など。
- 日付の間隔を適切に設定する：
  日ごと、週ごと、月ごとなど、プロジェクトの規模に合った間隔を選びましょう。大規模なプロジェクトで1日単位の表示にすると横に長すぎるため、週単位や月単位を選ぶと良い場合もあります。
- 進捗状況を色で表す：
  例えば、タスクが完了した場合は緑、進行中なら黄色、未着手なら赤といった色分けを行うと直感的に進捗が分かります。
- 条件付き書式でタスクバーを自動作成：
  タスク期間に該当するセルを、自動的に色付けする条件付き書式を設定すると、手動でバーを作る手間を省くことができます。
  条件付き書式の例：
  　　=AND($開始日 <= 列の日付, $終了日 >= 列の日付)

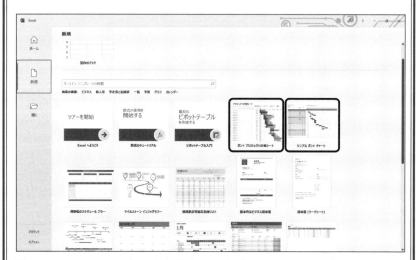

図9-1●Excel 365のテンプレートを選ぶ画面からガントチャートを選ぶ

葉で検索してみてください。

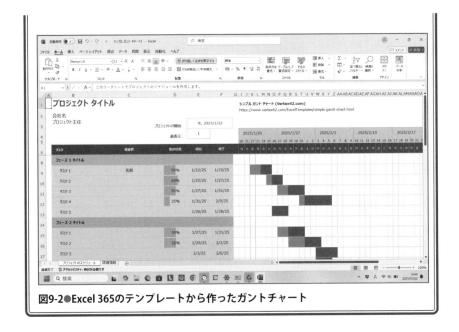

図9-2●Excel 365のテンプレートから作ったガントチャート

　この節では、初心者でも扱いやすいプロジェクト管理ツールを紹介しました。これらのツールを利用することで、学業の研究やグループ発表、サークル、イベント、会社での小規模な案件や提案、商品の提案などの自分の業務や作業をプロジェクトとして効率的に管理し、スムーズに進行させることができます。

　次章では、具体的なプロジェクトでこれらのツールをどのように活用するか、ケーススタディを通じて学んでいきます。

9.3　プロジェクト管理の専門ツールの簡単な紹介　　　　209

第 10 章

ケーススタディの
プロジェクトによる演習

　この章では、これまでの学びを総まとめし、具体的なケーススタディやプロジェクト事例を紹介します。

　必要に応じて実際に実行してみたり、自分達に合うように修正してシミュレートしてみるなどしてみてください。

10.1 学んだスキルの実践

　これまでの章で学んだ情報リテラシーやツールの活用方法を、実際にどのように役立てるかを考えてみましょう。

　この章では、具体的なケーススタディのプロジェクトを通じて演習を行い、実際の学業やビジネスに必要な情報リテラシーを、どのように活用できるかを理解します。そのためにこの章では、実際にそのプロジェクトを行っているつもりで読むか、あるいは、演習として実施してみてください。

◆具体的なケーススタディの例

文化祭での企画と運営

　概要：大学の文化祭でイベント企画を計画し運営する

　計画：

・チームでプログラムのスケジュールを作成

・プロジェクト管理ツールや表計算ソフトでガントチャートを作成し、タスクを割り当てて進捗管理

　実行：

・Word で企画書を作成

・Canva などでイベント宣伝チラシやポスターをデザイン

・Web フォームを使って参加者登録と管理

　評価：Form でアンケートを実施し、結果を PowerPoint で報告

サークル紹介ビデオの制作

　概要：新入生向けに所属サークルやゼミを紹介するビデオを作成

　計画：

・撮影計画を立て、Word で企画書を作成

・インタビュー対象者を選定し、Excel でビデオのコンテを作成

　実行：動画編集ソフトを使ってビデオを編集、その後公開

　管理：企画から公開までの全プロセスをガントチャートで管理

212　　　　　　　　第 10 章　ケーススタディのプロジェクトによる演習

地域ボランティアプロジェクト

概要：地域社会での環境清掃活動や福祉施設でのボランティアを計画（社内の地域貢献サークルの活動や、学生のボランティアサークルを想定してください）

計画：

・活動の目的、期待される成果、必要な資源を明確にし、Word で企画書を作成

・Excel または Google Sheets でガントチャートを作成し、実行計画を立案

実行：Canva などで活動のお知らせを作成、ボランティア活動を実施

評価：Web でアンケートを実施し、結果を PowerPoint で報告

学内／社内勉強会の主催

テーマ例：プログラミング初心者向けワークショップ

企画：Word でカリキュラム案を作成し、日程と講師役を調整

宣伝：Canva で告知ポスター作成、SNS 運用

実行：Google フォームで参加申込受付、Zoom/Meet でオンライン開催

分析：アンケート結果を Excel で集計し、参加者の満足度を可視化

報告：改善点を PowerPoint でまとめ、次回企画に反映

個人目標達成チャレンジ

例：3 ヶ月で TOEIC200 点アップ

計画：Word で学習スケジュール（単語／模試の頻度）を立案

進捗管理：Excel で毎日の学習時間と模試スコア推移を記録

振り返り：週次で Google フォームに自己評価を入力

可視化：折れ線グラフで成長を分析

発表：SNS で経過報告、最終結果を PowerPoint で共有

オンラインイベント運営

テーマ例：バーチャル交流会

10.1　学んだスキルの実践

企画：Word でコンテンツ案（ライブ配信・展示ブース）を作成

連携：

- Slack でスタッフ間コミュニケーション
- ガントチャートで進捗管理

集客：Instagram でティザー動画投稿、参加登録は Peatix で管理

実行：Zoom ブレイクアウトルームを活用

評価：Google forms でのアンケート結果を Canva で報告書に作成

自分が興味あることの研究活動

概要：興味や問題意識に基づいて研究テーマを設定し、調査・分析を行って、結果の報告書を作成し、発表する

計画：

- 自らの興味分野や、ネット検索、生成 AI などを使って研究トピックを収集
- 興味深いトピックを選び、研究テーマとなる「問い」を設定
- 研究目的を明文化し、調査対象や人数を決定。Word で研究計画書を作成

実行：

- 質問項目を決定し、Web アンケートを作成
- Excel や Google Sheets で分析やクロス集計などを行い、グラフなどで可視化

報告：Word で報告書を作成（可視化したグラフなどを含める）

発表：PowerPoint を使って研究成果を発表

（これをもう少し細かい手順に分けたものが最終課題です）

◆プロジェクトの実施と評価

　これらのケーススタディのプロジェクト演習を、次節を参考にして実施してみましょう。現実の実施が難しければ、シミュレーションでも結構です。実施したプロジェクトの各段階で得た経験から、何がうまくいったか、どのような課題があったかを、分析してみましょう。できれば、グループのメン

バーや同僚、上司や先生などにフィードバックしてもらい、今後の改善点を明らかにします。

10.2 プロジェクトの実施の演習

　この節では、実際にプロジェクトを実施する手順を学びます。前節に上げたケーススタディの実施や、自分たちでテーマを決めてプロジェクトを企画／実行をしても良いでしょう。新たにテーマを決める場合、皆さんが学生であれば、自らの興味や専攻分野に即したテーマを選び、実践的な経験としてください。また、社会人であれば、仕事の現場や会社の社会貢献といった分野、あるいは自分の興味のある趣味のエリアからテーマを選んでみてください。

◆プロジェクトの計画段階

　プロジェクトを成功させるためには、計画を立てて進めることが重要です。具体的には、以下のステップでプロジェクト計画を立てます。

- **テーマの選定**：前節のケースから選ぶか、個々の興味や専攻分野を考慮し、具体的なプロジェクトテーマを定めます。うまく決められなければ、生成AIに、どうやって決めたらよいのかを訊ねてみるのも良いでしょう。例えば、生成AIに「私は○○学部、○○学科の○年生です。私の研究テーマを決める手伝いをしてください」や「私は○○業の会社で○○の仕事をしています。私が今やることができる社会貢献のテーマを決める手伝いをしてください」といった質問をして、その回答を参考に考えてみてください。
- **目標設定**：プロジェクトのテーマが決まったら、具体的な目標を設定し、達成すべき成果を明確にします。これには、何を作成、解決、または理解しようとしているのかを検討し、企画書を作ります。
- **リソース管理**：必要な資源と人材を特定し、どのようにしてこれらのリソースを調達するか計画します。研究であれば、協力者や回答者などについてもここで考えます。

10.2　プロジェクトの実施の演習　　**215**

- **タスクの定義**：プロジェクト全体の目標から、やるべき作業の大項目を作り、それをさらに管理がしやすいレベルの細かい項目まで細分化して、個々のタスクを定義します。
- **タイムラインの設定**：プロジェクトの全フェーズにわたる、詳細なスケジュールを作成します。各タスクの期限と担当者、依存関係を明確にし、ガントチャートを作って、プロジェクトの進行状況を追跡しやすくします。

◆プロジェクトの実施と管理

　計画に基づき、実際のプロジェクトを開始します。この段階では、定期的に進捗確認し、必要に応じて調整を行うことが重要です。プロジェクトの実施中は以下の点に注意を払います。

- **定期的な進捗の共有**：問題の早期発見のために、進捗を定期的にメンバーと共有し、教員や上司に報告します。グループのメンバーなどからのフィードバックを受け入れます。
- **課題と障害の管理**：問題が発生したときは、メンバーと共有した上で、原因を特定し、解決策を模索します。解決策が見つかったら、迅速に実施し、問題を解決します。問題によってスケジュールなどに変更が出ないかを見直します。

◆評価と公表

　プロジェクトが完了したら、その成果を評価し、ゼミやサークル、会社の部門内などで発表します。

- **成果の評価**：目標に対してどのくらい達成できたかを評価します。その上で、成功した要因と改善が必要だった点を分析します。
- **発表や報告**：ゼミ内や部門内での報告・発表会を行います。場合によっては、外のカンファレンスや論文などで成果を公表します。これにより、さらに他者からのフィードバックを得るとともに、自身の研究やプロジェクトとプロジェクト・マネジメントの能力を周囲に知ってしてもらうチャンスにもなります。

このように、プロジェクトを通じて、この本で学んだ技術を演習し、実践に移すことができます。自分で興味分野や問題意識からテーマを決めて、プロジェクトを企画し、実施し、評価する過程は、そのほぼすべての過程で、この本で学ぶ情報リテラシーの技術を使うことができます。それは、将来的にどんな職業に就いても、またどんな仕事を任されても役立つ、貴重な経験となるはずです。

最終課題　実践的な課題に取り組み、情報リテラシーのスキルを活用してみましょう

この課題では、自分の興味のあるテーマについて調査し、データを分析し、レポートやプレゼンテーションとしてまとめます。以下のステップに沿って進めなさい。

◆ 1. 興味のあるジャンルを決める

まず、自分が関心を持っているテーマのジャンルを考えなさい。

例：

- 芸能（アイドル、映画、ドラマなど）
- 外食産業（レストラン、フードデリバリーなど）
- 食品（健康食品、輸入食品、食文化など）

ヒント：

ジャンルが思いつかない場合、第3章、第5章、第6章で考えた「自分の好きなもの」の内容から、自分の興味があるジャンルを探ってみなさい。

◆ 2. そのジャンルの課題を見つける

次に、あなたが興味を持ったジャンルの中で、問題や課題だと思うトピックを探しなさい。

例：

- 芸能界のスキャンダル

- 個人経営の飲食店が抱える課題
- 輸入食品の安全性

進め方：
- 最初は自分で考え、次に生成 AI を活用して他の視点も参考にする。
- AI が出した課題リストと自分の考えた課題を比較し、より興味のある
  テーマを選ぶ。

◆ 3. 問いを立てる

　課題が決まったら、「なぜその問題が発生しているのか？」や「どうすれば
解決できるのか？」を考え、具体的な問いを考えなさい。

例：
- 「なぜ若者の間でテレビの視聴率が低下しているのか？」
- 「個人経営のレストランは、チェーン店とどのように差別化すれば生き
  残れるのか？」
- 「消費者は輸入食品の安全性についてどのような意識を持っているの
  か？」

◆ 4. Web アンケートを作成する

　考えた問いをもとに、周囲の人の意見を調査する Web アンケートを作成
しなさい。

　アンケートの中には、以下の 3 種類の質問を含めなさい。
- 閉じた質問（はい / いいえ、選択肢）
- 開いた質問（自由回答）
- 数値化できる質問（例：5 段階評価、年齢、利用頻度など）

ヒント：
　必要に応じて生成 AI に質問のアイデアを出させても構わないが、自分が調
べたい内容と合っているかを必ず確認すること。

アンケートの注意事項

　作成する Web アンケートには、必ず調査倫理に関する注意書きを記載しなさい。

記載すべき内容：

- 調査の目的（この調査が何を目的としているかを説明）
- 主催者・責任者（調査を実施する人と連絡先の記載）
- 参加者の同意（回答は任意であり、途中で辞退できることを明記）
- 匿名性とプライバシーの保護（個人情報が守られることを説明）
- データの利用方法（どのようにデータを活用するかを説明）
- 回答にかかる時間の目安（回答にかかる時間を明示）
- インセンティブ（報酬）の有無（報酬がある場合、その内容を明記）
- 調査のリスク（回答による不利益がないことを説明）

※調査倫理について詳しく知りたい場合は、以下のサイトを参考にしなさい。
社会調査協会　https://jasr.or.jp/chairman/ethics/
日本社会学会　https://jss-sociology.org/about/researchpolicy/

◆ 5. アンケートを実施する

　作成したアンケートを複数人に回答してもらいなさい。

　できるだけ多くの人に回答してもらうことで、より有益なデータを集められます。

◆ 6. アンケート結果をスプレッドシートにまとめる

　回収したデータをスプレッドシート（Google スプレッドシートなど）に整理し、Excel 形式でダウンロードしなさい。

◆ 7. データをグラフ化する

　数値化できる質問のデータを元に、Excel を使ってグラフを作成しなさい（棒グラフ、円グラフ、折れ線グラフなど、データに合った可視化方法を選びなさい）。

◆ 8. レポートを作成する

　アンケート結果をもとに、Word を使ってレポート（報告書）を作成しなさい。

レポートの基本構成：

- タイトル（調査テーマ）
- 調査の目的（なぜこの調査を行ったのか）
- 調査方法（どのようなアンケートを実施したか）
- 結果の分析（グラフを使ってデータを説明）
- 考察・結論（調査からわかったこと、今後の課題など）

※レポート作成時のポイント

- 簡潔でわかりやすい文章を心がける
- グラフや図を活用し、視覚的に理解しやすくする
- 客観的なデータに基づいた考察を行う

◆ 9. プレゼンテーションを作成し、発表する

　作成したレポートをもとに、PowerPoint や Canva で発表用のスライドを作成しなさい。

　可能であれば、実際にプレゼンテーションを行い、調査結果を発表してみなさい。

発表のポイント：

- 1 スライド 1 メッセージを意識する（詰め込みすぎない）
- グラフや画像を活用し、視覚的にわかりやすくする
- 発表の流れを整理し、スムーズな構成にする

◆まとめ

この最終課題を通じて、情報リテラシーの実践的なスキルを身につけます。

- 自分の興味のあるテーマを選び、問いを立てる
- Web アンケートを作成し、データを収集・分析する
- 結果をレポートにまとめ、プレゼンテーションとして発表する

220　　　　　　　　　　第 10 章　ケーススタディのプロジェクトによる演習

これらの経験から、情報を収集し、分析し、発信する力を身に付けることができます。

10.2　プロジェクトの実施の演習

終わりに

　本書『学生・新社会人のための情報リテラシー入門』手に取って読んでいただき、ありがとうございました。

　このテキストは、筆者が大学で 1 学期かけて教える講義内容を基に、デジタル機器の基本的な使い方やインターネットの安全な活用法、オフィスツールやオンラインツールの技術を、可能な限り積み込んで、読み物として読めるように書いたものです。

　情報リテラシーは、単なる技術や知識ではなく、現代社会を生き抜くための基礎体力とも言えるスキルです。冒頭にも書きましたが、カーレーサーでない一般人であっても車を運転する技術や知識を身に付けているように、情報社会において、正しい情報を集め、活用し、他者と共有する力は、日常の仕事や学業、趣味や活動の場において欠かせないものです。

　本書を通じて、次のようなことを感じていただけたなら幸いです。

- デジタル機器やインターネット、さまざまなソフトやツールを恐れる必要はなく、それがどんなものかさえ知ってしまえば、いつでも調べることで使いこなせるようになるのだということ。
- 問題に直面したときに、調べ、試し、解決する力がリテラシーの本質であること。だから「知らない」ことを恥じる必要はないということ。
- 新しいツールや技術に挑戦することで、自分自身の可能性を広げられるということ。特に AI は、可能性に満ちたサポートツールだということ。

　日々進化する技術に対応していくためには、「操作方法をすべて覚える」必要はありません。それよりも、「必要なときに必要な情報を調べて活用する能力」を磨くことが大切です。どんなに便利な技術でも、それを使うのは人間であり、飽くまで技術は道具にすぎません。本書を手にした皆さんが、デジタル技術を**日々使う「ツール（道具）」として**使いこなし、少しでも学業や仕事を楽にすることができ、これらの道具を創造力や人間関係を豊かにする手段として活用していけるよう願っています。

最後に、このテキストを作成するにあたり、20 年間の IT 企業での経験や、その後の実例を通じて得た知識やヒントを盛り込むことができました。本書が皆さんの学びや活動の手助けになることを願って止みません。そして、もしこの本をきっかけに新たな疑問や興味が湧いたなら、それこそが「情報リテラシー」の第一歩です。早速、ネットや AI を使って調べてみてください。

　あなたのデジタル・ライフがより充実し、便利で楽しいものになりますように。

2025 年 3 月

付　録

付録 A　補助単位と切りのよい数字
付録 B　情報リテラシー基本用語集

付録 A　補助単位と切りのよい数字

「ギガ」とか「テラ」とか、謎の数字 64、128、256…って何!?

　私たちがパソコンやスマホを使うとき、「64GB（ギガバイト）」や「1TB（テラバイト）」といった表記をよく目にします。これらはデータの大きさや容量を示しています。では、なぜこんな英字と数字が出てくるのでしょうか。

　まず、データは「1」と「0」という、電気信号の ON/OFF 状態を基本として扱われます。この 1 か 0 の一つ一つを「ビット（bit）」と呼びます。ビットは情報を表す最小単位ですが、1 ビットでは表せる情報が「ON」か「OFF」か（または 1 か 0 か、あるかないか）という 2 つの状態しか表せず実用的でないので、何桁かを組み合わせて使用するようにしています。例えば、親指だけだと「指を折っている 0」か「指を立てている 1」の 2 つの状態ですが、人差し指まで使って、2 本の指で 2 ビットを表すと 4 個の状態を表せます（00、01、10、11）。中指まで使って 3 ビットだと、8 つの状態を表現できます（000、001、010、011、100、101、110、111）。このように桁（ビット数）を増やして行って、8 桁（8 ビット）にすると、256 種類の状態を表すことができます。これは、アルファベットの大文字小文字 52 文字や、数字 10 個、記号などを合わせても足りる数で、当初のコンピュータの基本的な文字の表現としては充分でした。そこで、8 ビットをまとめて「1 バイト（B）」という単位で使うようになりました。つまり、1 バイトで英数字 1 文字程度を表せるイメージです。ちなみに、アルファベットならばそれで良いのですが、漢字や仮名などは 2 バイト（= 16 ビット）程度ないと表すことができません。理論的には、16 ビットあると 65536 通りの状態を表現できるので、漢字や仮名も含めた日本語の文字はほとんど表現できます。こういう文字を 2 バイト（ダブルバイト）文字と言います。しかし、各国がそれぞれの国の文字で表現していると、例えば、日本人が日本語で作った文書を中国のシステムで読もうとすると、全く意味をなさない文字の列になって読めないといったこ

とが起こります。そこで、全世界の主だったコンピュータ使用国の文字を、すべて一つの体系で表現できるようにしようと考えられたのが、1バイト〜4バイトまでを上手に使って文字を表現する「ユニコード」と呼ばれる表現方法です。ユニコードを使っていれば、（フォントさえ入っていれば）日本のパソコンやスマホでも、アルファベットや漢字や仮名の他に、アラビア文字やハングル文字のような普段見ない文字も画面で見ることができます。最近のパソコンやスマホはほとんどがユニコードを使っていますが、一部のテキストデータは、古いシステムとのやり取りをするために、以前の文字体系を使っていることもあります。

　次に、M（メガ）とかG（ギガ）とかT（テラ）といった文字の話です。これは、より大きなデータ量を表現するために、バイトを千倍、百万倍と拡大していく単位（補助単位）のことです。我々が日常生活でよく使う補助単位にK（キロ）があります。例えば、千メートルは1キロメートルですし、千グラムは1キログラムです。つまり基本単位の千倍をK（キロ）で表すということです。もし、時速100kmの制限速度というところを、時速100000mの制限速度などと書いていたらわかりにくいからです。体重60000グラムもわかりにくいですよね。ですから補助単位を使って表現します。同様に、さらに大きな補助単位として百万倍はM（メガ）、10億倍はG（ギガ）、1兆倍はT（テラ）という補助単位を使います。余談ですが、逆に小さい方は、百分の一を（セント・センチ）千分の一を（ミリ）といった単位があります。1cmや5mm、30mgといった単位は日常的に使いますね。（それ以外の補助単位についてはこのコラムの末尾に付けておきます。）

　さて、これが、情報量を示す場合、以下のようになります。

- 1KB（キロバイト）＝約1000バイト
- 1MB（メガバイト）＝約1000KB＝約100万バイト
- 1GB（ギガバイト）＝約1000MB＝約10億バイト
- 1TB（テラバイト）＝約1000GB＝約1兆バイト

スマホの写真や動画、音楽ファイルは、文字のデータに比べるととても多

くの情報量を持っています。つまりメモリーをそれだけ使うし、送受信する
のであれば通信の容量も使うということです。ここで、容量が「64GB」のス
マホなら、「64 ギガバイト分のデータを記録できる」という意味です。つまり、
3MB の大きさの写真ファイルだったら、約 2 百万枚程度保存できるという
ことですね。

　ところで、ここでは「64GB」と何気なく書いていますが、この「64」は
何なのでしょうか。コンピュータ関連の話では、「16、32、64、128、256、
512、1024、……」という数字をよく見かけます。これも謎ですよね。なぜ
これらの数字が出てくるのでしょうか。

　コンピュータでは、8 ビットを 1B（バイト）とする情報量の単位があっ
て、1B（バイト）を基本として、それが何桁あるかで考えていきます。先ほ
どのように 2 桁だったら 4 種類、3 桁だったら 8 種類と、2 のべき乗（0 か
1 の 2 つの状態を示す桁が何桁になるか、つまり 2 の桁上がり）で機器内部
が動くからです。4 桁だったら 16、5 桁だったら 32、6 桁だったら 64 で、
このあたりはパソコンの搭載メモリー容量などでよく見る数字になっていま
すね。さらに、64、128、512 あたりだと、スマホやパソコンのストレージ
の容量としてよく見る数字です。また、1 か月のデータ通信の容量としても
見ることがあるでしょうか。さらに 4096 や、65536 といった数字も、ちょ
うど 2 の桁上がりでちょうどよくなる値なのです。ですから、10 進数の世
界では、百回目や千個、百万人目などが、切りの良い数字として「キリ番」
と呼ばれるように、コンピュータの世界では 128 とか 256 とか 512 とか
4096 とか 65536 といった数字が「キリ番」なのです。ですからたまに、IT
系の仕事をしている人と話すと、半ば冗談で「256 って切りの良い数字だよ
な」なんて言っていることがあります。

　以上の理由から、コンピュータの世界では、1K（キロ）を 1000 では
なく 1024 として計算します。前述の説明で 1KB を「約」1000 バイトと
記載したのはそのためです。同様に、1MB は、正確には 1024KB であり、
1048576B であって、100 万バイトではありません。あくまで「約」100
万バイト、なのです。そして、通常は、1KB = 1024B（約 1000B）という
表記の仕方をしますが、正確に 1000B と 1024B を書き分けたいときには、

1024 の方を 1KiB（キビバイト）と書きます。同様に、MiB（メビバイト）、GiB（ギビバイト）、TiB（テビバイト）などもあります。ただ、実用的には、普段は、1GB =（約）1,000,000,000B（1 億 B）と考えて差し支えないでしょう。

　そもそも私たちが 10 進数（10 まで数えると一桁上がる数の数え方）を使うのはなぜでしょうか。手の指が片手に 5 本ずつ 10 本あるからでしょう[1]。もし手の指が 6 本ずつあったら、世の中は 12 進数できあがっていて、月や時間など、周回する円のような概念を当分するのにはとても便利だったかもしれません。その場合、切り番は 144 だったかもしれないし、1728 とか 20736 だったかもしれません。また、時間を表す数字は 12 進数と 10 進数の合いの子のような 60 進数が秒、分、時に使われています。その意味では一日を表す 86400 秒だって 10 進数ではなく、12 進数系列の切り番です。このように 10 進数を使うのは指の数からくる習慣だけであって、時間や月は主に 12 進数ですし、音楽には 3 拍子などもあって、必ずしも 10 で桁が上がる必要はないのです。むしろ、その領域でやりやすい方法で「進数」は決められて良いわけです。ですから、コンピュータの世界では、0 か 1（OFFか ON）の 2 つの状態で数字を記録するので、2 の桁上がりで表現される 2 進数が使われているわけです。

　因みに、「デジタル」という言葉は「digit（ディジット）」が語源で、digitは元々「指」の意味があり、指を使って数を数えることから、数字や桁を表すようになったといわれています。コンピュータや IT 関連技術などの「数で表現できること」を digital（デジタル）と呼ぶのは、語源的には「指で数える」ことからきています。つまりデジタルは、0 と 1 という数値で情報を扱う仕組みから来ているということになります。こうした背景を知ると、「GB」「TB」などの記号や「64、128、256、512」といった数字が、ただの暗号ではなく、コンピュータ内部のしくみを表す「言語」なのだとわかってきますね。

---

[1]　実は、パプアニューギニアの一部の部族のように、指の股の数で 8 進数で数える人々もいる。

付録 A　補助単位と切りのよい数字

表A.1●大きい数を表す補助単位

接頭語	記号	倍率（10 の累乗）	例
キロ（kilo）	k	10^3（1,000 倍）	1 km = 1,000 メートル
メガ（mega）	M	10^6（1,000,000 倍）	1 MW = 1,000,000 ワット
ギガ（giga）	G	10^9（1,000,000,000 倍）	1 GB = 1,000,000,000 バイト
テラ（tera）	T	10^{12}	1 TB = 1,000,000,000,000 バイト
ペタ（peta）	P	10^{15}	1 PB = 10^{15} バイト
エクサ（exa）	E	10^{18}	超大規模なデータ処理などで使用
ゼタ（zetta）	Z	10^{21}	非常に大きい数を表す
ヨタ（yotta）	Y	10^{24}	極めて巨大な数

表A.2●小さい数を表す補助単位

接頭語	記号	倍率（10 の累乗）	例
ミリ（milli）	m	10^{-3}（1/1,000）	1 mm = 0.001 メートル
センチ（centi）	c	10^{-2}（1/100）	1 cm = 0.01 メートル
マイクロ（micro）	μ	10^{-6}（1/1,000,000）	1 μm = 0.000001 メートル
ナノ（nano）	n	10^{-9}	1 nm = 10^{-9} メートル
ピコ（pico）	p	10^{-12}	1 pF = 10^{-12} ファラド
フェムト（femto）	f	10^{-15}	1 fs = 10^{-15} 秒
アト（atto）	a	10^{-18}	原子レベルのスケールで使用
ゼプト（zepto）	z	10^{-21}	非常に小さなスケール
ヨクト（yocto）	y	10^{-24}	極めて微小なスケール

主な使用例

- キロ（k）：距離や重さ（km、kg）に使用。
- ミリ（m）：小さい長さ（mm）、体積（ml）などに使用。
- メガ（M）・ギガ（G）：データ量や電力（MB、GB、MW）に使用。
- ナノ（n）・マイクロ（μ）：科学分野で微細なサイズや時間を表現（nm、μs）。

付録 B　情報リテラシー基本用語集

1. パソコンの基本操作

アイコン（Icon）

アプリやファイルを表す絵文字のような小さな画像や図形のこと。これをクリックまたはタップすることで、その機能やファイルを開くことができる。

ウィンドウ（Window）

アプリやファイルを表示するための枠組み。複数のウィンドウを並べたり重ねたりして作業することが可能。例えば、ブラウザとワードプロセッサのウィンドウを並べて、ブラウザで調べものをしながらワードプロセッサでレポートや報告書類を作るなどができる。

カーソル（Cursor）

画面上でマウスなどによって位置を示す矢印や点滅するライン。入力位置や選択位置を示す目印。

クリック（Click）

マウスのボタンを押してすぐ離す操作。「左クリック」は基本的な選択、「右クリック」はメニュー表示によく使われる。

ショートカットキー（Shortcut Key）

キーボードの特定の組み合わせを押すことで、マウスを使わずに素早く操作できる機能。例えば、Ctrl + C（コピー）、Ctrl + V（貼り付け）など。

初期設定（initial setup/initial configuration）

パソコンやスマホを初めて使う際に行う設定作業。ユーザー ID やパスワードの登録、アプリのインストール、ネットワーク設定などを行い、自分専用にカスタマイズする。Windows では、一般に Microsoft アカウントを、また、Mac や iPad、iPhone などでは Apple ID を決め、入力するのもこのタイミングになる。

ズーム（Zoom）画面の表示倍率を変更する操作。拡大や縮小が可能で、ウェブページや画像の詳細を確認する際に便利。

付録 B　情報リテラシー基本用語集　　　　　**231**

スクリーンショット（Screenshot）

現在の画面の状態を画像として保存すること。画面キャプチャとも呼ばれる。省略してスクショとも呼ばれる。Windows 11 では「PrtSc」キーを押すか、または「Windows + Shift + S」を押す。

スクロール（Scroll）

画面に表示しきれない情報を見るために、マウスのホイールを回したり、タッチ画面を上下にスワイプしたりする操作。

スワイプ（Swipe）

スマホやタブレットで指を滑らせる操作。画面を左右や上下にめくるように移動する際に使う。

設定（Settings）または環境設定（Preferences）

デバイスやアプリの動作方法を変更したり、個人に合わせてカスタマイズしたりすること。またはそのためのメニュー項目。特に、パソコンやスマホを入手後に最初に行う設定を「初期設定（initial setup/initial configuration）」という。→初期設定

タップ（Tap）

スマホやタブレットの画面を指で軽く叩く操作。ボタンを押したり、リンクを開いたりする基本操作。

タスクバー（Taskbar）／ドック（Dock）

画面下や横にある操作バー（長細い長方形の領域）。起動中のアプリやお気に入りのアプリのアイコンが並ぶので、簡単にアクセスできる。

タスクマネージャー（Task Manager）

現在動作中のアプリやプロセスを確認・管理するツール。アプリがフリーズした場合に強制終了する際にも使われる。Windows では、「Ctrl + Shift + Esc」を押すことで、タスクマネージャーなどに入るための画面が表示される。

ダブルクリック（Double-click）

マウスのボタンをすばやく2回続けて押す操作。アイコンを開いたり、特定の機能を実行したりする時に使う。

ドラッグ & ドロップ（ドラッグアンドドロップ、Drag and Drop）

アイコンやファイルをクリックしたまま移動させ、目的の場所でクリックを離して配置する操作方法。

デスクトップ（Desktop）

パソコンの画面で最初に表示される基本画面。アイコンが並び、ファイルやフォルダ、ショートカットを配置できる。

通知（Notification）

新しいメッセージや更新情報があったことを知らせるために画面上に出るポップアップウィンドウやメッセージ。

バックアップ（Backup）

データを別の場所にコピーし、万が一の紛失や故障に備えて保存しておくこと。

ファイル（File）

文書、画像、音楽、動画など、コンピュータやスマホの中で 1 つのまとまりとして扱われるデータ単位。

ファイル拡張子（File Extension）

ファイル名の後に付く、ファイルの種類や形式を示す短い文字列。通常は「.（ドット）」の後に続く。例えば、文書ファイルなら「.docx」や「.pdf」、画像ファイルなら「.jpg」や「.png」、音楽ファイルなら「.mp3」など。Windows はこの拡張子によって開くアプリケーションを判断している。「.docx」の付くファイルは通常 Word で開き、「.mp3」なら音楽プレーヤーで開くというように。

フォルダ（Folder）

データやファイルを整理するための「入れ物」。ファイルを分類し、分かりやすく管理するのに使う。

右クリック（Right-click）

マウスの右ボタンを押す操作。詳細メニューや追加機能を呼び出すためによく使われる。ボタンが 1 つしかないマウスの場合は、ボタンを長押しすることで右クリックの代わりになることがある。

ログアウト（Logout）／サインアウト（Sign out）

システムやサービスから退席し、セッションを終了すること。セキュリティ上、

付録 B　情報リテラシー基本用語集

特に公共の場では重要。⇔ログイン

ログイン（Login）／サインイン（Sign in）

ユーザーがシステムやサービスにアクセスするために、IDやパスワードを入力して認証を受けること。⇔ログアウト

2. パソコンのハードウェア

CPU（Central Processing Unit）

コンピュータの「頭脳」とも呼ばれる部品で、データの処理や計算を行う。性能が高いほど処理速度が速い。

GPU（Graphics Processing Unit）

グラフィック処理を専門に行う部品。ゲームや動画編集など、グラフィックを多用する作業で重要となる。最近は画像生成AIをパソコン内部で動かす場合にも、高い性能が求められることが多い。

HDD（ハードディスクドライブ）

パソコンやコンピュータのデータを保存しておくために作られた磁気によって記録する記憶装置（ストレージ）。円盤の磁気ディスクが高速で回転しており、その上を磁気を読み書きするヘッドが動いてデータを記録したり読み出したりする。大量のデータを記録することに向いている一方、衝撃や外部からの磁気に弱いという欠点があり、近年はSSDに置き換えられている。→ SSD

NPU（Neural Processing Unit）

AI機能のためのチップ。ディープラーニングやニューラルネットワークの計算を効率的に行うために設計され、さまざまな人工知能の機能を実現するために使われる。

SSD（Solid State Drive）

データを保存するための記憶装置（ストレージ）。半導体で作られていて、HDD（ハードディスクドライブ）に比べて読み書きが高速で衝撃に強いため、近年はSSDを搭載したパソコンが主流になっている。→ HDD

RAM（Random Access Memory）

一時的にデータを保存する場所。一般的に電源を切ると消えてしまうため、作業

中のデータを高速に処理するために使われる。CPU が頭脳なら、そろばんやメモの役割を果たす部分。容量が大きいほど複数のアプリを同時に快適に動かせる。単にメモリーとも言われる。

USB（Universal Serial Bus）

外部機器（マウス、キーボード、外付けメモリーや外付け HDD/SSD など）を接続するための規格。データ転送や充電にも使われる。転送速度によって USB1.0 〜 USB4 までの規格があり、コネクタの形状で Type-A や Type-C といった名前がある。

キーボード（Keyboard）

文字入力を行うための装置。パソコンの場合は物理的なキー、スマホの場合は画面上に表示されるソフトキーボード。

タッチスクリーン（Touchscreen）

画面に直接触れて操作できるディスプレイ。スマホやタブレット、ATM や駅の券売機、セルフレジなどで利用される。

ハードウェア／ハード（Hardware）

コンピュータやデジタル機器を構成する「物理的な部品や本体そのもの」のこと。例えば、パソコン本体、キーボード、マウス、スマートフォン本体、ハードディスク、メモリー、CPU（中央演算処理装置）、モニター、プリンターなど。「触れる」「形がある」ものがハードウェアであり、ハードウェアがあって初めてソフトウェアを動かすことができる。⇔ソフトウェア／ソフト

マウス（Mouse）

パソコンを操作するための手元の機器。マウスを動かすと画面上のカーソルが動き、クリックやドラッグで操作できる。

3. アプリケーション

アクティベート（Activate）

アクティベートとは、「有効化する」という意味。ソフトウェアやアプリが認証を受けて使用可能になる操作を指す。スマートフォンや SIM カードを通信事業者に登録して使用できるようにする場合にも使われる言葉。

付録 B　情報リテラシー基本用語集

アンインストール（Uninstall）

インストールしたアプリやソフトを削除し、デバイスから取り除くこと。

アプリ／アプリケーション（App, Application）

特定の機能やサービスを提供するプログラム。スマホの「アプリ」やパソコンの「アプリケーション・ソフトウェア」がこれにあたる。例えば、Microsoft WordやExcelといったワードプロセッサやスプレッドシート、ブラウザなど。

アップデート（Update）

アプリやソフトウェアを最新の状態にすること。機能改善やセキュリティ強化に役立つ。特にOS（基本ソフト）のアップデートはセキュリティの観点から重要。

インストール（Install）

新しいアプリやソフトウェアを、デバイス上で使えるように設定・導入すること。

オペレーティングシステム（OS）

パソコンやスマホを動かすための基本ソフトウェア。Windows、macOS、Linux、Android、iOSなど。

ソフトウェア／ソフト（Software）

コンピュータ本体や部品が「ハードウェア」であるのに対し、コンピュータを動かすための「中身」のプログラムのこと。例えば、パソコンで使うワードプロセッサやゲーム、スマホで動くアプリ、パソコンを動かすためのWindowsなどの基本ソフト（OS）などを指す。コンピュータに「何をどうやって実行するか」という指示や処理手順を与える役割を担っている。⇔ハードウェア／ハード

プラグイン（Plug-in）

アプリやソフトウェアに追加機能を提供する小さなプログラム。ブラウザの拡張機能などが該当する。

ライセンス（License）

ソフトウェアやアプリを使用するための権利。購入やサブスクリプションで取得する。購入型のソフトであっても、ソフト自体は形を持たないものなので、ソフトという「もの」を買うのではなく、ソフトを使う「権利」を買っているので、ライセンスという。

クラウドアプリ（Cloud Application）

インターネット上で動作するアプリ。ローカルにインストールする必要がなく、ブラウザから利用できる。例えば、Canva や Google Workspace、ChatGPT などの多くのテキスト生成 AI などがある。

4. インターネット関連

DNS（Domain Name System）

ドメイン名を IP アドレスに変換する仕組み。IP アドレスだけでは人が覚えにくいので、人が覚えやすい文字列（ドメイン）を使えるようにしている。

HTML（HyperText Markup Language）

ウェブページを作成する基本的な言語。HTML メールは本文に装飾や画像を組み込める。

HTTP/HTTPS（Hypertext Transfer Protocol /Hypertext Transfer Protocol Secure）

ウェブページを閲覧するための仕組み。HTTPS は通信を暗号化してより安全な接続を提供する。

IP アドレス（IP Address）

インターネットに接続する機器固有の番号。ドメインがインターネット上での「住所」なのに対し、いわば「緯度・経度」的な存在で、基本的に数字で表されている。数字なので人間が覚えにくいため、IP アドレスをドメインに変換して人間に見せたり、人間が入力したドメインを IP アドレスに変換してコンピュータが使ったりする。

ISP（Internet Service Provider）

ユーザーのパソコンやスマホ、タブレットなどの端末からインターネットに接続をするサービスをしている事業者（プロバイダ）のこと。

URL（Uniform Resource Locator）

ウェブページなどインターネット上にある情報のある場所（住所）を示す文字列。これをブラウザに入力すると特定のウェブページへアクセスできる。

VPN（Virtual Private Network）

インターネット上の通信を暗号化し、プライバシーを保護する技術。例えば、家などから会社や大学といった組織の内部のネットワークに接続してリモートワークをする場合や、公共 Wi-Fi 利用して、通信を行う時にセキュリティを強化したいような場合に役立つ。

Wi-Fi（ワイファイ）

無線でインターネットに接続する技術。ケーブル不要でインターネットを使えるため、多くの家庭や施設で利用されている。英語圏では「ウィーフィー」と発音されることも。

アップロード（Upload）

自分のデバイスにあるデータ（画像やファイルなど）を、インターネット上のサーバーやクラウドに送ること。⇔ダウンロード

ウィルス対策ソフト（Antivirus Software）／セキュリティソフト

マルウェアからデバイスを守るためのソフトウェア。定期的なスキャンやリアルタイム保護を行う。

エラーコード（Error Code）

問題が発生した際に表示されるコード（短い数字や文字の羅列）。例えば、「404 Not Found」は Web ページが見つからないことを示す。

オフライン（Offline）

インターネットに接続していない状態。ネットワークなしで動作するアプリや作業。

オンライン（Online）

インターネットに接続している状態。ウェブ閲覧やメールの送受信などが可能。

エンコード（Encode）

データを特定の形式に変換すること。例：音声を MP3 形式にする。⇔デコード

キャッシュ（Cache）

一度表示した画像やデータを一時的に保存しておく仕組み。次回読み込みを速くするために使われる。

クッキー（Cookie）

ウェブサイトが利用者のブラウザに保存する小さなデータ。ログイン情報や閲覧履歴を記憶するのに用いる。例えば、ログイン情報を記憶しておけば、再度同じウェブサイドに繋いだときに、あらためてログインをしなおす必要がなくなり、ユーザーの利便性が上がる。

クラウド（Cloud）／クラウドストレージ（Cloud Storage）

インターネット上のサーバーを利用してデータを保存、共有、またはアプリケーションを実行する仕組み。パソコンやスマホからいつでもどこでも必要な自分のデータにアクセス可能になる。Google Drive や Dropbox などが代表例。

検索バー（Search Bar）

キーワードを入力して、Web やデバイス内の情報を探すための入力欄。多くは、URL を入力する欄と兼用になっている。

コンテンツ（Content）

「コンテンツ（Content）」とは、かなり広範囲にわたる言葉。語源的にはラテン語で英語の「Contain（含む）」などと同じで、情報や表現の「中身」や「内容」を指す。

サーバー（Server）

インターネット上でデータやサービスを提供するコンピュータ。メールサーバーはメールの送受信を担当する。

サイバーセキュリティ（Cybersecurity）

インターネット上での安全性を確保するための技術や方法の総称。個人情報を守ることや、ウィルス、フィッシング詐欺などからの防御が含まれる。

タブ（Tab）

ブラウザやアプリの一部にある、小さな見出し部分。複数のウェブページや画面を一つのウィンドウ内で切り替えられる。

ダウンロード（Download）

インターネット上のデータを、自分のデバイス（パソコンやスマホ）に取り込むこと。⇔アップロード

付録B　情報リテラシー基本用語集

データベース（Database）

大量の情報を効率的に保存し、検索や編集ができるシステム。多くのウェブサービスがデータベースを基盤として動作している。

デコード（Decode）

エンコードされたデータを元の形式に戻すこと。⇔エンコード

ドメイン（Domain）

インターネット上の「住所」にあたる文字列（例：example.com）。メールアドレスや URL に含まれる。

パスワード（Password）

本人確認のための秘密の言葉や文字列。自分だけが知っている情報として、アカウントやデータを守るために使う。

ファイヤーウォール（Firewall）

外部からの不正アクセスを防ぐためのセキュリティシステム。ネットワークやデバイスを保護する。通常はウィルス対策ソフト／セキュリティソフトなどに含まれる。Windows 10 と 11 には、ディフェンダーというセキュリティソフトが入っており、ファイヤーウォールの機能もある。

プロトコル（Protocol）

ネット上でデータをやり取りするための約束事や手順のこと（例：HTTP、SMTP）。

ブラウザ（Browser）

インターネット上の web ページを見るためのソフトウェア。Chrome、Safari、Firefox、Edge などが代表例。

マルウェア（Malware）

コンピュータやスマホに悪影響を与える不正なソフトウェアの総称。ウィルスやスパイウェアなどが含まれる。

リンク（ハイパーリンク）（Link / Hyperlink）

ウェブページ上などで、他のページやファイルへ飛ぶための文字列や画像。クリックやタップで別の場所へ移動できる。

5. メール関連

BCC（Blind Carbon Copy）

CC と同様にメールの写しを送るが、受信者同士が誰に送られたかわからないようにする機能。例えば、取引先にメールを送るときに、相手に知られないように自分の上司にも送っておきたいときなどに使う。最近は、個人情報保護の観点から、お互いが知らない同士の複数の人間に一斉メールを送るときには、宛先を全員 BCC にして、互いにメールアドレスが知られないように配慮することも多い。→ CC

CC（Carbon Copy）

メールの写しを他の人にも送る機能。主な宛先とは別に、参考として送信する場合に使う。昔は、複数の紙に同時に物を書く際、カーボン紙という特殊なインクが含まれた紙を間に挟むことで、一枚目の紙に書いたものが 2 枚目以後の写しの方にも同時に記される仕組みがあったため付いた名称。→ BCC

POP/IMAP

メールを受信するためのプロトコル。POP はメールを端末に取り込み、IMAP はサーバー上でメールを管理し複数端末で同期できる。

SMTP（Simple Mail Transfer Protocol）

メールを送るために使われる代表的なプロトコル。

宛先（TO）

メールを送る、主な宛先。または宛先のメールアドレスを記入する場所。→ CC、BCC

下書き（Draft）

まだ送信していない編集途中のメールを一時的に保存する場所。

署名（Signature）

メールの最後に自動的につく名前や連絡先などの情報。名刺がわりになる。

受信トレイ（Inbox）

新しいメールが届く「受信箱」のような場所。ここで受信したメールを確認する。

スパムメール（Spam Mail）

望んでいない広告や詐欺といった「迷惑メール」のこと。迷惑メールフォルダに自動的に振り分けられることもある。

送信済トレイ（Outbox）

自分が送信をしたメールが入っている場所。まだ送信途中や送信直後のメールが一時的に保存される場所として、これとは別に「送信トレイ」がある場合もある。

添付ファイル（Attachment）

メールに一緒に送られるファイル（画像、文書、音声、動画など）のこと。一般にファイルを添付するには、ゼムクリップの「添付」アイコンなどをクリックする。または、メールの編集画面にファイルをドラッグ＆ドロップすることで添付ができるソフトもある。

フィッシング（Phishing）

偽のメールやサイトで利用者をだまし、パスワードやクレジットカード番号などの機密情報を盗み取る手口。例えば、「通販などで未払いになっていて確認が必要だから、このサイトからアカウントの情報を至急入力してほしい」といった内容のメールを送り、偽のサイトに誘導してアカウントとパスワードを盗み取るなど。

ブラックリスト（Blacklist）

受信拒否リスト。ここに登録されたアドレスやドメインからのメールは受け取り拒否される。逆に、自動で迷惑メールフォルダに分類されてしまっては困る、重要で安全とわかっている送信相手を登録する「ホワイトリスト」も存在する。

メーラー（Mailer）／メールソフト（Mail Software）

メールを送受信するためのソフトウェア。Outlook や Gmail アプリなどが該当する。

メール（Email）

インターネットを通じて文字やファイルを送受信する仕組みで、紙の手紙に相当するデジタルな通信手段。また、時間や場所を問わず、相手にメッセージを伝えられる便利な方法。メッセンジャーや SNS と違って、特定のアプリやサービスに依存しないので、インターネット上で、相手にメッセージを伝える最も基本的な方法であり、かつ公式な方法と考えられている。メールとは従来は郵便のことだっ

たので、郵送の手紙などと区別するために、あえて「電子メール（Email）」と呼ぶこともある。最近は逆に従来の手紙を電子メールと区別するために「郵送メール・紙の手紙」と呼んだり英語の言い方で「snail mail（スネイルメール＝カタツムリのように遅いメール）」と言ったりすることもある。

メールアドレス（Email Address）

ユーザー名と「@」記号、ドメイン名を組み合わせた、メールを受け取るための宛先情報（例：username@example.com）。

メールサーバー（Mail Server）

メールの送受信を管理するサーバー。受信トレイや送信済みメールを保存する役割を持つ。

メールフィルター（Mail Filter）

条件を決めてメールを自動的に分類・削除したり、転送したりする機能。例えば、特定の大学や会社のドメインからのメールは、特定の名前のフォルダに自動で分類することで整理するような場合に使う。

付録B　情報リテラシー基本用語集

索引

記号
- _ 96
- - 11
- ! 125
- " 117
- " " 11
- ###### 123
- = ... 116
- $ 119
- #VALUE! 125

数字
- 2in1 デバイス 39

A
- Adobe Express 162
- Adobe Premiere Pro 164
- AI 170
- Microsoft 365 185
- AI 検索 12
- AI ツールの統合 180
- AI パソコン 37
- Apple Keynote 136
- Apple Numbers 104
- Apple Pages 68
- APU 16
- Asana 206

C
- Canva 154
- Canva Video 164
- ChatGPT 170, 171
- ChatGPT search 12
- ChromeOS 44
- Claude2 186
- Copilot 183
- Copilot+ PC 170
- Copilot キー 184
- CPU 14

D
- Dall-E（ダリ）........................... 182
- DaVinci Resolve 164
- DeepSeek 186
- Dropbox 98

E
- Excel 104

G
- Google Docs 68
- Google Drive 98
- Google Forms 192
- Google Gemini 12
- Google Meet 58
- Google Sheets（スプレッドシート）...... 104
- Google Slides 136
- GPT 171
- GPU 16

H
- HDD 17
- HTTP 23

I
- iCloud 98
- ICT 3
- iMovie 164
- IoT 4
- IP 23
- IT 3

L
- Linux 44
- LLM 171

M

Mac	43
Microsoft 365	12, 69
Microsoft 365 Copilot Chat	11, 170
Microsoft Excel	104
Microsoft PowerPoint	136
Microsoft Teams	58
Microsoft Word	68
Microsoft アカウント	72

N

NPU	16

O

OneDrive	98

P

Perplexity AI	186
Piktochart	162
PowerPoint	136
Python	199

R

R	199

S

site:	11
SMTP	23
SPSS	199
SSD	17
SUM 関数	116

T

Trello	206

U

URL	24

W

Wondershare Filmora	164

Word	68

Z

Zoom	58

あ

アカウント	27
アクティブリスニング	205
アドウェア	26
アニメーション	148
アンケートの設計	195
インターネット	21
陰謀論	33
引用	29
ルール	30
エラー	125
炎上	56
炎上商法	57
オートフィル	114, 117
オールドメディア	32
オフィススイート	68
オフィスソフト	68
オンライン会議	58

か

カーソル	6
買い切り型	69
開始	202
階層構造	19
拡張子	96
画面	6
画面切り替え	148
関数	105, 116
ガントチャート	203, 207
カンバン方式	206
キーボード	5
記述統計	198
揮発性メモリー	17
行	105, 108
クイックアクセスツールバー	74, 107, 139

索引 **245**

クラウド	98
グラフの作成	126
グラフのデザイン	130
クリック	7
クリップ	166
クリティカル・シンキング	34
グループウェア	204
クロス集計	198
計画	202
敬語	62
検索エンジン	8
検索オプション	10
検索ワード	9
謙譲語	62
コピペ（コピー＆ペースト）	29
コンテンツ	141
コントロール	203
コンピュータ・ウィルス	25

さ

差し込み印刷	132
査読論文	32
サブスクリプション型	69
シートタブ	107
シグネチャ	48
仕事	188
実行	203
質問の形式	196
終了	203
条件付き書式	110
情弱	171
情報リテラシー	2
ショートカットキー	5
書式設定	110
署名	48
人工知能	170
数式バー	107
スクロール	7, 8
スクロールバー	74, 107, 139
スケール質問	197

スタイル	81
ステータスバー	75, 107, 139
ストレージデバイス	16, 18
スパイウェア	26
スプレッドシート	104
スライドパネル	139
絶対参照	119
セル	104, 107
相対参照	118
ソーシャルメディア	56
ソリッドステートドライブ	17
尊敬語	62

た

大規模言語モデル	171
タイムライン	166
タスク	203
タッチタイプ	5
タッチパッド	7
タップ	8
タブ	74, 107, 139
ダブルクリック	7
ダブルタップ	8
ダンジョンズ＆ドラゴンズ	176
ツールパネル	166
ディスプレイ	6
丁寧語	62
データ収集	192
データ分析	198
テキスト生成AI	170
デジタルセキュリティ	25
デジタルタトゥー	57
デジタルリテラシー	2
テンプレート	76, 134
閉じた質問	197
ドラッグ＆ドロップ	7
トラックパッド	7
トレンド分析	198
トロイの木馬	26

な

ナビゲーションウィンドウ 74
ニュースソース 33
ネチケット（ネットエチケット）......... 55

は

ハードディスク 17
バイアス 195
バイト 226
パスワードマネージャ 28
ビジネスメール 46
ビジュアル要素 85
ビット 226
批判的思考 34
表計算ソフト 104
表示形式 111
剽窃 31
開いた質問 197
ピンチアウト 8
ピンチイン 8
ファイル 18
フィードバック 205
フィッシング 25
フィルハンドル 114
フェイクニュース 33
フォーム 192
フォトレタッチ 187
フォルダ 18
不揮発性メモリー 17
プライバシー設定 28
プレゼンテーション 136
プレビューウィンドウ 166
プログラム 202
プロジェクト 202
プロジェクト管理ツール 205
プロジェクトの実施 215
　　　コミュニケーション 204
プロジェクト・マネジメント 202
フロッピーディスク 77
プロトコル 22

プロンプト 174
分析結果 199
変形 148
補助単位 227, 230
保存 76, 97, 113
ボット 26

ま

マウス 7
マルウェア 25
マルチモーダル 179
ミーティング 204
右クリック 7
見出し 82
命名規則 95
メインメモリー 17
メール 46
　　　フォローアップ 52
メモリー 15
目次 82

や

ユニコード 227

ら

ランサムウェア 26
リテラシー 2
リボン 74, 107, 139
ルートキット 26
列 105, 108

わ

ワークシート 107
ワードプロセッサ 68
ワーム 26

索引　　　　　　　　　　　　　　　**247**

■ 著者プロフィール

大間　哲（おおま・てつ）

国際基督教大学（ICU）理学科物理専修 卒業。法政大学大学院キャリアデザイン学修士。
現在、法政大学キャリアデザイン学部 情報処理演習／社会調査法 講師。
日本アイ・ビー・エム（株）で SE を経験後、人事教育部門で技術者の育成を担当。
その後、母校 ICU で大学職員を経て、キャリアデザイン事務所 B. P. プランニングを設立。
国家資格キャリアコンサルタントの指導や更新講習の講師、大学、高校、企業や病院等のキャリアデザイン講師を務める。
趣味はクラシックの合唱。気象予報士／防災士。クリスチャン。
著書に『キャリアデザイン・就活のプロによる ChatGPT 徹底活用法』（カットシステム，2023）、『情報処理エンジニア職業ガイド』（共著，カットシステム，2019）、訳書に『交渉学ノススメ』（共訳，生産性出版，2017）がある。

学生・新社会人のための情報リテラシー入門
文系理系を超えてデジタル社会を生き抜く基本スキルが身に付く実践的ガイドブック

2025 年 4 月 20 日　　　初版第 1 刷発行

著　者	大間　哲 著
発行人	石塚 勝敏
発　行	株式会社 カットシステム
	〒 169-0073 東京都新宿区百人町 4-9-7　新宿ユーエストビル 8F
	TEL（03）5348-3850　　FAX（03）5348-3851
	URL　http://www.cutt.co.jp/
	振替　00130-6-17174
印　刷	シナノ書籍印刷 株式会社

本書に関するご意見、ご質問は小社出版部宛まで文書か、sales@cutt.co.jp 宛に e-mail でお送りください。電話によるお問い合わせはご遠慮ください。また、本書の内容を超えるご質問にはお答えできませんので、あらかじめご了承ください。

■ 本書の内容の一部あるいは全部を無断で複写複製（コピー・電子入力）することは、法律で認められた場合を除き、著作者および出版者の権利の侵害になりますので、その場合はあらかじめ小社あてに許諾をお求めください。

© 2025 大間 哲

Printed in Japan　ISBN978-4-87783-554-7